# 铁路货物损失案例解析

冉雄英◎主　编
马　利◎副主编

中国铁道出版社有限公司

2020年·北　京

## 内 容 简 介

本书主要内容为典型货物损失处理案例汇总，共 22 个大类，涵盖铁路货物损失处理的多个方面。每个案例除了解答之外，还附有解析，解析部分提供了案例涉及规章规定及相关拓展知识，方便读者更好地学习理解案例。

全书案例取材于铁路现场，内容丰富，针对性强，可作为从事铁路保价及货物损失处理人员的参考资料及日常培训用书。

**图书在版编目（CIP）数据**

铁路货物损失案例解析 / 冉雄英主编．—北京：中国铁道出版社有限公司，2020.8
ISBN 978-7-113-27164-0

Ⅰ.①铁… Ⅱ.①冉… Ⅲ.①铁路运输-货物运输-货损-案例 Ⅳ.①U294.1

中国版本图书馆 CIP 数据核字（2020）第 147409 号

**书　　名：铁路货物损失案例解析**
**作　　者：**冉雄英　马　利

---

**责任编辑：**聂宏伟　秦绪涛　　　**编辑部电话：**（010）51873024
**封面设计：**崔丽芳
**责任校对：**孙　玫
**责任印制：**高春晓

---

**出版发行：**中国铁道出版社有限公司（100054，北京市西城区右安门西街 8 号）
**网　　址：**http://www.tdpress.com
**印　　刷：**国铁印务有限公司
**版　　次：**2020 年 8 月第 1 版　2020 年 8 月第 1 次印刷
**开　　本：**880 mm×1 230 mm 1/32　印张：3　字数：56 千
**书　　号：**ISBN 978-7-113-27164-0
**定　　价：**18.00 元

---

# 编 委 会

# 前　言

为进一步做好铁路货物损失处理及理赔工作，加强铁路货运安全管理，提升铁路货运服务质量，本书以《中华人民共和国铁路法》（简称《铁路法》）、《铁路货物运输规程》（简称《货规》）、《铁路货物损失处理规则》（简称《货损规则》）等为参考依据，结合《铁路保价运输规则》《铁路保价运输管理办法》以及铁路改革发展的新形势、新要求进行编写，汇总、剖析全路典型货物损失理赔案例，并汇编成册，供广大货物损失处理工作人员参考和借鉴。

本书在内容方面，主要选择有借鉴意义的典型货物损失案例，内容涵盖《铁路法》免责范围及记录送查时限的规定、办理赔偿的时间要求、未保价与办理保价运输赔偿金额的计算、通过监控设备定责、敞车装运苫盖篷布货物发生损失、棚车装运货物发生损失、集装箱装运货物发生损失、易碎货物发生损失、运到逾期、货物发生污染、换装整理、违反车辆使用限制、站车交接电报拍发时限、误运送货物的处理、办理变更货物的处理、由发现站负责处理的货物损失、拍发货物损失速报、货物损失鉴定、编制查复书、编制货运记录、货物损失涉及物品清单、法院判决按实际损失赔偿的处理等铁路货物损失理赔基础知识和典型案例。全书内容丰富、通俗易懂，案例分析针对性强，可帮助货物损失处理人员提高办理货物损失赔偿和责任划分的准确性，是从事铁路货物损失处理人员较为翔实的参考资料，本书也可作为职工日常培训用书。

本书由冉雄英任主编，马利任副主编；参加编写的人员有：宋伟、张中华、李莉、张超、潘贺、刘福江、李傲淑、李瑞峰、刘怡、白夫、万涛、栾瑞芳、王占伟、何晓蕾、杨红刚、盛国辉、李春华、陈应容、李猛、叶盛、魏晖椿、郑彤华、王勇、牛晓明、曹鹏、刘志波、刘伟斌、李陶、张金超、孙永恒、苑晓明、陈晨、李云红、刘毅、黑良涛、李伟等同志。全书总体结构、内容由江立、黄启营统合、审校。

本书编写过程中，得到了国铁集团货运部的关怀指导，得到了各铁路局集团公司及专业运输公司有关专家的支持和帮助，在此深表感谢！

由于编者水平有限，书中难免有不妥之处，敬请读者批评指正。

编　者

2020 年 6 月 18 日

# 目　录

# 一、《铁路法》免责范围、记录送查时限的规定

2019 年 1 月 6 日 A 站承运到 B 站大米一车，承运人装车，苫盖篷布一块，件数 2 400 件，该车 1 月 10 日到达 B 站，到站卸前检查，车体良好，篷布捆绑无异状，运行前端顶部有 100 cm×80 cm 破口，破口处有明显凹坑，卸见货物实有 2 350 件，B 站于次日编制货运记录，1 月 14 日送 A 站查询，A 站 1 月 14 日收到查复书，次日答复 B 站，称托运人与该站签订了承责证明，该批货物系站内对装，如出现短少、湿损均由托运人承担，铁路不予承责。

**问：**（1）承运人是否应当承担赔偿责任？

（2）请分析以上两站有无过错。

**答：**（1）该案例属承运人装车，运输过程中被盗，托运人签订的承责证明不属《铁路法》规定的免责条款，也不属于《铁路法》中承运人免责范围，铁路应予以赔偿。

（2）B 站违反《货损规则》第二十一条“除按规定编制货运记录外，还应在货运记录编制当日以查复书形式，通过保价系统对货物损失的原因和责任进行调查”的规定；依据《货规》第二十二条：货物装车和卸车的组织工作，在车站公共装卸场所以内由承运人负责。A 站不应以与托

运人签订的承责证明推卸承运人责任。

**【解析】**

(1) 依据《货损规则》第二十八条：划分货物损失责任应以事实为根据、规章为准绳。在查明货物损失情况和原因的基础上，首先应按国家法律、行政法规及国铁集团的有关规定划清承运人与托运人、收货人之间的责任。

(2) 划清承运人与托运人、收货人之间的责任应依据《铁路法》第十八条：由于下列原因造成的货物、包裹、行李损失的，铁路运输企业不承担赔偿责任：

①不可抗力。

②货物或者包裹、行李中的物品本身的自然属性，或者合理损耗。

③托运人、收货人或者旅客的过错。

(3)《货规》第五十九条规定：承运人从承运货物时起(办理仓储的车站，从接收货物时起)，至将货物交付收货人或依照规定移交给其他机关企业时止，对货物发生灭失、损坏负赔偿责任。但由于下列原因之一所造成的灭失、损坏除外：

①不可抗力；

②货物本身性质引起的碎裂、生锈、减量、变质或自燃等；

③货物的合理损耗；

④货物包装的缺陷，承运时无法从外部发现或未按国家规定在货物上标明包装储运图示标志；

⑤托运人自装的货物，加固材料不符合承运人规定条件或违反装载规定，交接时无法发现的；

⑥押运人未采取保证货物安全的措施；

⑦托运人或收货人的其他责任。

(4)《货规》第二十二条规定：货物装车和卸车的组织工作，在车站公共装卸场所以内由承运人负责。但罐车运输的货物、冻结易腐货物、未装容器的活动物、蜜蜂、鱼苗、一件重量超过1吨的放射性同位素，以及用人力装卸带有动力的机械和车辆，均由托运人或收货人负责组织装车或卸车。其他货物由于性质特殊，经托运人或收货人要求，并经承运人同意，也可由托运人或收货人组织装车或卸车。

(5)《货损规则》第二十一条规定，车站发现货物损失，“除按规定编制货运记录外，还应在货运记录编制当日以查复书形式，通过保价系统对货物损失的原因和责任进行调查，必要时可派人外出调查”。

(6)综合上述分析，一是本案例货物属于在铁路货场由承运人组织装车，在运输途中发生损失，承运人应当承担赔偿责任；二是该货于1月10日到达B站，B站于1月11日编制货运记录，符合规章规定。但是B站却于1月14日将记录送A站查询，明显违反了记录送查的时限。

# 二、办理赔偿的时间要求

A站2019年4月30日受理一件货物损失赔偿，车站货物损失处理人员于2019年5月6日填发“货物损失赔（补）偿通知书”（简称“赔通”），并于次日8时与所属车务段财务人员办理交接手续并签认。车务段财务科接到“赔通”后，于2019年5月16日（星期四）向赔偿要求人支付了赔款，2019年5月17日赔偿要求人向集团公司95306客服中心提出了投诉，申诉赔偿时间过长，试分析赔偿各环节是否符合规定并说明理由。（注：2019年劳动节休息时间为5月1日至4日）

**答：**（1）车站货物损失处理人员办理时间符合规定。自受理日4月30日的次日起2个工作日，扣除5月1日至4日的法定节假日，应于5日至6日内填发“赔通”，并于填发“赔通”的次日与车务段财务人员办理交接手续并签认，上述作业时间符合规定。

依据《货损规则》第三十九条规定：办理赔偿的期限，自受理赔偿要求的次日起至填发赔通之日止为2个工作日。“赔通”下达后，经办人员应于2个工作日内与财务人员办理交接手续并签认。

（2）车务段财务部门自5月7日至16日完成向赔偿要

求人的赔款支付，扣除11日、12日法定休息日，实际支付赔款时间为8个工作日，支付时间超时3个工作日。

依据《货损规则》第三十九条规定：财务部门接到赔通后，应在5个工作日内支付赔款。

**【解析】**

（1）《货损规则》第三十九条规定：办理赔偿的期限，自受理赔偿要求的次日起至填发“赔通”之日止为2个工作日。特殊情况下办理赔偿的最长期限：直属站段不超过5个工作日，铁路局集团公司不超过10个工作日。“赔通”下达后，经办人员应于2个工作日内与财务人员办理交接手续并签认。财务部门接到“赔通”后，应在5个工作日内支付赔款。

（2）《铁路保价运输管理办法》第十七条规定：行包、货物损失赔（补）偿通知书（以下简称“赔通”）下达后应在2个工作日送财务部门。财务部门接到“赔通”后，应在5个工作日内支付赔款。

（3）《货损规则》第三十九条和《铁路保价运输管理办法》第十七条，分别明确了对业务部门“赔通”下达期限、交接签认期限和对财务部门赔款支付期限的规定。本案例车务段财务人员很明显违反了规章规定的赔款支付期限。

# 三、未保价与办理保价运输赔偿金额的计算

1. A 站发 B 站机床配件一批 10 件，价值 1 万元（每件配件价值均等，重量均等），重量 830 kg，到达 B 站卸车清点短少 2 件，重量 166 kg，会同收货人根据物品清单进行核对所少货物，收货人向 B 站提出赔款 3 520 元，请按下列条款分别计算赔款额。

（1）托运人未参加保价（保险）运输。

（2）托运人在发站托运货物时，参加了保价运输，保额 1 万元。

（3）托运人在发站托运货物时，参加了保价运输，但只保了 5 000 元。

**答：**每件货物实际价值：10 000 元÷10 件＝1 000 元

（1）托运人未参加保价运输，根据《货规》第五十六条第 3 款规定，按限额赔款每吨最高赔偿 2 000 元，货物短少 2 件，重量为 166 kg（非保价赔偿限额中以吨计算的应折成千克计算，尾数进整至 10 kg 计）。

应赔偿：170 kg×2 元/kg＝340 元。

（2）足额保价（按照实际损失赔偿）：

应赔偿：1 000 元×2 件＝2 000 元。

（3）保额不足（赔偿额为损失货物占全批货物的价值比例乘以保价金额）：

应赔偿：1 000 元/件×2 件÷10 000 元×5 000 元=1 000 元。

**【解析】**

（1）《货规》第五十六条规定：货物损失的赔偿价格：灭失时，按灭失货物的价格；损坏时，按损坏货物所降低的价格。但保价运输的货物，最多不能超过该批货物的保价金额，只损失一部分时，按损失货物与全批货物的比例乘以保价金额赔偿。不保价运输的，不按件数只按重量承运的货物，每吨最高赔偿 100 元，按件数和重量承运的货物，每吨最高赔偿 2 000 元；个人托运的搬家货物、行李每 10 公斤最高赔偿 30 元，实际损失低于上述赔偿限额的，按货物实际损失的价格赔偿。货物的损失由于承运人的故意行为或重大过失造成的，不适用赔偿限额的规定，按照实际损失赔偿。

（2）本案例中机床配件在运输途中丢失，不属于承运人的故意行为或重大过失造成的，因此应按照赔偿限额的规定，分别计算出未保价运输、足额保价运输和不足额保价运输的赔偿金额。

2. 甲地生产的食用植物油，在甲、乙两地的市场价格分别为每件 300 元和 400 元，发货人从甲地采购了 2 000 件，经汽运至甲地铁路 A 站，支付短途汽运费用 4 500 元；每件货物包装费 10 元。该批货物经铁路运输至乙地 B 站（货物保价 300 000 元），乙站卸车时发现短少 15 件，另 5 件货物外包装纸箱破烂并有油迹，开检内装食用植物油塑料桶身均凹陷变形，有渗漏的油迹（箱标 2 桶装），货物损失属承运人责任。经乙站会同收货人共同鉴定后，5 件食用植物油的残留价值按每件 235 元折价处理。

请计算保价赔偿金额。

**答：**（1）全批货物价值：全批货物的价值由铁路运输发站所在地货物价值、包装费、短途运费加总，合计为 2 000 件×（300 元/件＋10 元/件）＋4 500 元＝624 500 元。

（2）丢失部分赔款：15 件÷2 000 件×300 000 元＝2 250 元。

（3）损坏部分货物价格：5 件×（300 元/件＋4 500 元÷2000 件＋10 元/件）＝1561.25 元；或 5 件×（624 500÷2000 件）＝1 561.25 元。

（4）损坏货物残值：235 元/件×5 件＝1 175 元。

（5）损坏部分赔款：（1 561.25 元－1 175 元）×（300 000 元÷624 500 元）＝185.55 元；或（1 561.25 元－1 175 元）÷624 500 元×300 000 元＝185.55 元。

（6）赔款合计为：2 250 元＋185.55 元＝2 435.55 元，进整为 2 436 元。

**【解析】**

《铁路保价运输规则》第六条规定：货物的实际价格包括其本身的价格、税款、包装费用和已发生的运输费用。托运人需在货物运单“货物价格”栏内以“元”（人民币、下同）为单位，填写货物的实际价格。全批货物的实际价格即为该批货物的保价金额。

# 四、通过监控设备定责

1. A站（甲集团公司管内车站）发D站（丙集团公司管内车站）大米一车，票记重量60 t，件数1 196件。卸前施封有效，开启车门，车容未满，两中门处货物包装破损，内货外漏，破件在中下层，会同公安卸车，卸见货物88件均有不同程度破洞，新痕，破件检斤共余370 kg，较完好件短少4 030 kg，查铁路货运计量安全检测监控设备，沿途重量数据见表1（沿途按通过时间，分别通过甲集团公司、乙集团公司、丙集团公司管内）。

**表1　沿途重量数据**

| 序号 | 集团公司 | 车站 | 测点 | 检测设备 | 速度（km/h） | 总重（t） | 净重（t） |
|---|---|---|---|---|---|---|---|
| 1 | 丙 | C货检站 | ××线 | 超偏载 | 24.40 | 81.5 | 55.7 |
| 2 | 丙 | C货检站 | 下行到达 | 超偏载 | 23.54 | 84.1 | 58.3 |
| 3 | 丙 | C货检站 | 上行到达 | TPDS | 46 | 81.5 | 55.7 |
| 4 | 乙 | B2站 | 下行到达 | 超偏载 | 69.3 | 83.1 | 57.3 |
| 5 | 乙 | B1站 | 上行到达 | 超偏载 | 28.72 | 84.6 | 59.4 |

请逐个分析沿途重量数据，阐述到站如何定责及理由。

**答：**上车在B1站超偏载检测重量59.4 t，货物重量检测数值2 t误差值以内，判断未发生货损；

在B2站超偏载检测重量57.3t，虽超过2t误差值，但经过速度69.3km/h，超过60km/h（注：超偏载检定设备速度允许范围为60km/h），因此数据无效不予采纳；

C货检站“上行到达”测点TPDS检测重量为55.7t，因TPDS为车辆系统检测设备，且只有一组数据，无法与同类设备数据进行比对，数据不予采纳；

C货检站“下行到达”超偏载检测重量为58.3t，“××线”出发超偏载检测重量为55.7t，相差2.6t，重量减少在2t误差值以上，且出发重量与货物损失重量基本相当，判定货物损失发生在C货检站。

据以上分析，该案例根据《货损规则》附件3中“二、被盗丢失”的规定，能通过监控设备判明发生站的，列发生站责任，依章列C货检站责任。

**【解析】**

(1)《铁路货运计量安全检测设备运用管理规则》第64条规定：超偏载检测装置、轨道衡在列车通过速度超过称量速度范围时，其检测数据不作为判定超偏载的依据，但可作为判断货物装载加固状态的参考。目前使用的铁路货运计量安全检测设备允许误差值为2t。

《货损规则》附件3中“二、被盗丢失”：到站卸车货物短少2t以上时，应通过监控设备的检测数据来判明发生地点。能通过监控设备判明发生站的，列发生站责任。

(2) 本案例属于车门缝隙处货物被盗割造成的损失，且损失大于2t以上，应依照上述规章规定，利用车辆通过各站监控设备的检测数据来判明发生地点。

2. A站承运到D站整车化肥855件60 t（A站、D站分属两个相邻铁路局集团公司），使用棚车一辆装运，保价10万元。途经B站、C站，到达D站，编制货运记录称“上车到达货检好，施封有效，开启车门，车容未满，两中门处货物包装破损，内货外露，会同公安卸车，卸见上货89件均有不同程度破洞，破洞为15 cm×15 cm、18 cm×18 cm、21 cm×21 cm不等，破件检斤共余980 kg，较完好件短少5 250 kg，自码6～8个高，破件各层均有，卸后清点上货件数与票据记载855件相符，全车卸空”。

D站查复书定责意见称“根据《铁路货物损失处理规则》附件3中二、（八）“车门缝处货物被盗割的，列发送铁路局责任，赔款由沿途铁路局分摊”的规定，列A站所在铁路局责任，D站所在铁路局分摊。

**提示：**上车沿途超偏载检测数据：

B站：到达时净重为60.5 t，出发时净重为60.9 t；

C站：到达时净重为61.0 t，出发时净重为54.6 t。

请判断D站定责是否正确，为什么？应如何定责？

**答：**（1）到站定责不正确，因为到站依据《货损规则》附件3中二、（八）规定为已废止《铁路货物损失处理规则（试行）》内容；该车施封良好，重量短少达到2 t以上，且途经B站、C站监控设备，应通过监控设备的检测数据来判明发生地点。

（2）该车经C站超偏载检测重量到达61.0 t、出发54.6 t，发生了明显改变，且改变的重量与到站记载的短少重量基本相符，根据《货损规则》附件3中“二、被盗丢失”的规定，“能通过监控设备判明发生站的，列发生站责任”，该案例列C站责任。

**【解析】**

（1）关于货物发生被盗丢失的定责，首先确认货物损失重量是否达到2 t（如果货物损失达到或超过2 t以上时，就应按照《货损规则》附件3的二、1～3规定划责）；对货物损失不足2 t时再依据《货损规则》附件3的二、1～3以外的相关规定进行划责。

（2）本案例属于车门缝隙处货物被盗割造成的损失，且损失重量明显大于2 t以上并有沿途超偏载数据，应利用沿途各站超偏载检测数据来判明发生地点。

3.2019年5月10日甲集团公司A站承运到丙集团公司B站荞麦一车1 200件，60 t，车号：P3107655，保价30万元。该车卸前货检车门窗关闭严密，一侧A站无源电子施封锁，一侧E站（货检站）环形施封锁（有E站向上一责任货检站D站拍发的补封电报在案）。卸见进向左侧车门口处上下各层货物包装朝向车门有破口，货物撒漏，会同公安卸车清点，较票记不足2件，52件收集余货检斤计650 kg。依章编制记录进行调查。

沿途货检站到发时刻及超偏载检测数据见表2。

**表 2　沿途货检站数据**

| 车站 | 所属局 | 到达时刻 | 出发时刻 | 到达重量 | 出发重量 |
| --- | --- | --- | --- | --- | --- |
| C 站 | 甲 | 22：54 | — | 59.6 t | — |
| D 站 | 甲 | 7：55 | 9：13 | 59.3 t | — |
| E 站 | 乙 | 19：50 | 22：40 | 57.8 t | |
| F 站 | 乙 | 8：47 | — | 57.9 t | |
| G 站 | 丙 | 15：53 | 16：30 | 58.1 t | |

请判定责任，并说明规章依据。

考点：

（1）到站卸车货物短少 2 t 以上时，应通过监控设备的检测数据来判明发生地点。

（2）电子施封锁的监控数据作为判定货物损失责任的依据。

【答题要点】上货到站卸车短少：（52＋2）件×（60 000 kg÷1 200 件）－650 kg＝2 050 kg；超过 2 t，应通过监控设备的检测数据来判明发生地点。“划分铁路内部各单位及物流企业责任时，货运安全检测监控设备（简称监控设备，包括轨道衡、超偏载检测装置、视频监控等设备）影像资料、检测数据（货物重量短少 2 t 以上），电子施封锁的监控数据，应作为判定货物损失责任的依据。”（《货损规则》第二十八条）

本案例中无源电子施封锁在 D 站和 E 站之间发生了问题，其间重量变化明显，可以判定该车在此区间发生了问题。

因此，根据《货损规则》附件 3 中二、2 规定，应列 D 站责任，无源电子施封锁应按普通施封锁办理。

**【解析】**

本案例可以从两方面进行分析：

一是《货损规则》第二十八条规定电子施封锁的监控数据，应作为判定货物损失责任的依据。本案例的货物损失为 2 050 kg，已经超过 2 t 了，按照《货损规则》附件 3 中“二、被盗丢失”规定，到站卸车货物短少 2 t 以上时，应通过监控设备的检测数据来判明发生地点。本案例提供的超偏载检测数据虽然没有达到 2 t，但是使用的电子施封锁发生丢失，且有 E 站的站车电报，应该视为电子施封锁的检测数据是在 D 站至 E 站发生丢失，依据《货损规则》附件 3 中二、1 的规定：能通过监控设备判明发生站的，列发生站责任。

二是《铁路电子防盗锁使用管理办法（暂行）》（货综函〔2017〕10 号）第十六条第三款规定：对无源电子防盗锁，……无地面读出装置的车站，应按现行普通施封锁交接检查方式进行交接检查。

该车运输途中，E 站在站车交接检查中发现一侧无封，按规定补封并向上一责任货检站 D 站拍发补封电报。依据《货损规则》附件 3 中二、(一) 3 的规定：货车在途中发生补封，按规定拍发电报的，列上一责任货运检查站责任。因此本案例列 D 站责任。

4. 2019 年 5 月 11 日，由 A 站（甲集团公司）承运到

B站（乙集团公司）整车洗精煤一车，车号1412485，专用线装车，票据记载重量64 t，保价10万元。该车5月16日到达B站，卸前检查车体外观良好，中、侧门铁线捆绑良好；卸见车辆一位端左侧有1 200 mm×950 mm×800 mm深度的凹痕，呈漏斗形状。到站会同公安卸车，卸后过磅重量为60 t，较票据记载短少4 t，编制了货物损失报告和货运记录。（该车途经依次为丙、丁集团公司）

途中站超偏载检测装置数据（净重）：C站（丙集团公司）：63.8 t；D站（戊集团公司）：63.2 t；E站（丁集团公司）：60.2 t。

要求：请代到站判定货物损失责任，并说明理由和依据。

**答：**（1）首先判断承运人是否有责任。途经丙集团公司第一个监测点时，货物重量63.8 t，可以判定货物在发站专用线足吨装载，短少是在铁路运输过程中发生的，且运输途中有明显痕迹，属于承运人责任。

（2）承运人内部责任划分，货物短少4 t，按照《货损规则》附件3中二、2规定，能通过监控设备判明发生区间的，列该区间所属铁路局集团公司责任，本案例沿途超偏载检测数据可以判定货物短少发生在丙集团公司和丁集团公司间，所以承运人内部责任列丙集团公司责任，赔款由戊、丁集团公司分摊。

**【解析】**

《货损规则》附件3中“二、被盗丢失”：

到站卸车货物短少2t以上时，应通过监控设备的检测数据来判明发生地点。

（1）能通过监控设备判明发生站的，列发生站责任；

（2）能通过监控设备判明发生区间的，列该区间所属铁路局集团公司责任；

（3）无法通过监控设备判明的，列装车站责任，赔款由装车站和沿途各铁路局集团公司（不含装车铁路局集团公司）分摊。

# 五、敞车装运苫盖篷布货物发生损失

## （一）铁路篷布

1.2018年7月6日，A站（甲集团公司）承运到E站（丙集团公司）大豆一车，车号C4613666，承运人装车，苫盖篷布一块，件数1 200件，件重50 kg，全批保价20万，实际价值24万。该车7月10日到达E站，到站卸前检查，车体良好，篷布捆绑无异状，运行前端顶部有1 000 mm×800 mm破口，破口处有明显凹坑，卸见货物实有1 160件，其中100件有60%的湿损，80件有90%的湿损。湿损件联系饲料公司按1.5元/kg处理。E站于次日编制007128号货损记录，7月14日送A站查询，A站7月14日收到查复书，次日答复E站，称托运人与该站签订了承责证明，该批货物系站内对装，如出现短少、湿损、霉变均由托运人承担，铁路不予承责，卷退E站。

E站查阅沿途超偏载数据显示货物重量分别为：A站货票记载60 t（1 200件，件重50 kg）；B站（甲集团公司）59.8 t；C站（乙集团公司）59.6 t；D站（丙集团公司）57.3 t，E站复衡57.4 t。

**问：**（1）确定承运人是否应当承担赔偿责任？

（2）请分析以上两站有无过错？

（3）请划责、计算赔偿金额。

**答：**（1）该案例属承运人装车，运输过程中被盗，托运人签订的承责证明不属于《铁路法》规定的免责条款，也不属于《铁路法》中承运人免责范围，铁路应予以赔偿；

（2）E站违反《货损规则》第二十一条：除按规定编制货运记录外，还应在货运记录编制当日以查复书形式，通过保价系统对货物损失的原因和责任进行调查。E站7月11日编制货运记录，7月14日才送查A站。A站违反《货损规则》第二十六条规定，不应退卷，A站不应以与托运人签订的承责证明推卸承运人责任。

（3）责任划分：

数据显示该车在B站至C站间检测重量无太大变化，但在C站至D站两个测点间出现较大变化，两个测点间重量相差2.3t，E站过衡重量与D站检测情况基本相符。由此分析该车应在C站至D站间被盗。

综上所述，能通过监控设备判明发生区间的，列发生铁路局集团公司责任。该案例货物损失40件×50 kg/件＝2 000 kg，即2t，应依《货损规则》附件3中二、2的规定：能通过监控设备判明发生区间的，列该区间所属铁路局集团公司责任，发生局集团公司涉及乙集团公司和丙集团公司，列乙集团公司责任，赔款由乙集团公司和丙集团公司共同分摊。

赔款计算：

①货物每公斤的价值：240 000元÷（1 200件×50kg/

件）＝4 元/kg；

②货物丢失的价值：40 件×50 kg×4 元/kg＝8 000 元；

③货物湿损的价值：（100 件×50 kg/件×60%＋80 件×50 kg/件×90%）×4 元/kg＝26 400 元；

④湿损货物的残值：（100 件×50 kg/件×60%＋80 件×50 kg/件×90%）×1.5 元/kg＝9 900 元；

⑤货物实际损失：8 000 元＋26 400 元－9 900 元＝24 500 元。

保额不足，依据《铁路保价运输规则》第十八条规定，部分损失时，赔偿额按损失货物占全批货物的价值比例乘以保价金额，因此应赔偿：24 500 元÷240 000 元×200 000 元＝20 416.67 元，进整为 20 417 元。乙集团公司赔偿 10 209 元，丙集团公司分摊 10 208 元。

本案例应按如下进行划责：

①被盗部分（40 件）：依据《货损规则》附件 3 中二、2 之规定列乙集团公司责任，赔款由乙集团公司和丙集团公司分摊。8 000 元/240 000 元×200 000 元＝6 666.66 元，进整为：6 667 元。乙集团公司责赔：3 334 元；丙集团公司分摊：3 333 元。

②湿损部分：依据《货损规则》附件 3 中三、（三）、2、（4）和二、（十）、2 以及四、（一）、3 之规定列 E 站责任，赔款由 E 站和 A 站分摊。（26 400 元－9 900 元）÷240 000 元×200 000 元＝13 750 元。E 站责赔 6 875 元，A 站分摊6 875 元。

**【解析】**

(1)《货损规则》附件3中“二、被盗丢失”规定：到站卸车货物短少2t以上时，应通过监控设备的检测数据来判明发生地点。上货短少40件，重量已达到2t，因此本案例中货物被盗部分应按照《货损规则》附件3中二、2之规定进行划责。

(2)《货损规则》附件3中三、(三)、2.(4)规定：篷布顶部（包括敞顶集装箱篷布）被割造成货物湿损，比照《货损规则》附件3中二、(十)规定处理。

(3)《货损规则》附件3中二、(十)2规定：检查发现但未处理的，列发现站责任，赔款由发现站、装车站和上一有监控设备的货运检查站分摊。需要注意的是，“检查发现但未处理的”包括到站。此处的“处理”是指在规定的时间内拍发电报，对货物进行整理或换装，补苫或整理篷布等。

(4)《货损规则》附件3中四、(一)3规定：误编、迟编以及迟送查记录，列责任单位责任，赔款由责任单位与记录编制站分摊。

(5)上货因篷布顶部被割，货物被盗造成湿损。到站（E站）未及时在规定的时间内拍发站车交接电报，并且在编制记录后未及时按照规章限定的期限内进行送查，存在检查发现未处理和迟送查问题，故此湿损部分应按照上述规定进行划责。

2. 2019年2月26日，A站发B站大米一车，苫盖铁路篷布一块，2400件，袋标25kg，保价16万，实际价值

24 万。到卸篷布苫盖完好无异状，实卸 2 365 件，少 35 件，另有 70 件不同程度湿损（30 件湿损较轻，每公斤处理 1.5 元，40 件湿损较重，每公斤处理 0.8 元，篷布质量不良），请计算实际损失、保价赔偿款额并列责。

**答：**（1）实际损失：

①货物每公斤的价值：240 000 元÷2 400 件÷25 kg/件＝4 元/kg；

②货物丢失的价值：35 件×25 kg/件×4 元/kg＝3 500 元；

③减去残值后货物湿损的价值：（4 元－1.5 元）×30 件×25 kg/件＋（4 元－0.8 元）×40 件×25 kg/件＝5 075 元；

④货物实际损失款：3 500 元＋5 075 元＝8 575 元。

（2）保价赔偿款额：8 575 元÷240 000 元×160 000 元＝5 716.67 元≈5 717 元

列责：按照《货损规则》附件 3 中二、（二）1 和三、（三）2.（5）的规定，列装车站 A 站责任。

**【解析】**

（1）依据《铁路保价运输规则》第十八条：保价行包、货物发生损失时，按实际损失赔偿，赔偿额按下列标准计算：

①全批损失时，最高不超过该批行包、货物的保价金额；

②部分损失时，按损失行包、货物占全批行包、货物的价值比例乘以保价金额计算；

③分项填记物品名称和保价金额的，赔偿额分别计算。

赔偿额尾数不足 1 元时，按进整处理至元。起码赔偿额为 1 元。

(2)《货损规则》附件 3 中二、(二) 1 规定：车体完整、篷布苫盖良好、装载无异状，列装车站责任。

(3)《货损规则》附件 3 中三、(三) 2. (5) 规定：因篷布（包括敞顶集装箱篷布）质量不良造成货物湿损，列装车站责任。

3. A 站发 B 站玉米，1016 件，共 61 t，保价100 000 元，2019 年××月××日承运，托运人专用线装车，车号 $C_{64}$×××××××，苫盖铁路篷布一块。

到站卸车前检查，车门关闭，苫盖铁路篷布一块，篷布、绳网苫盖捆绑无异，湿损 43 件（详情见货运记录和图 1）。

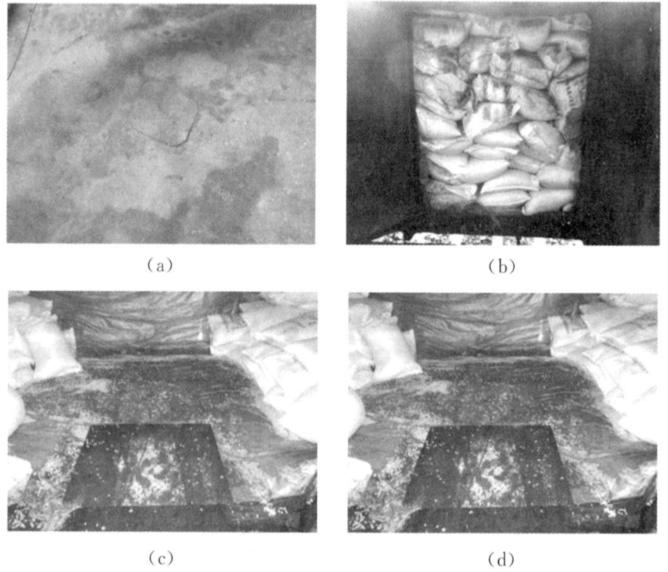

(a) (b) (c) (d)

**图 1**

## 格式 1

# 货 运 记 录

（存查页）

No ____________

补充编制货运记录时记入 补充________公司________站所编第________号________记录

**一、一般情况**

办理种别 整车 运单号码××××××××××于 2019 年 ××月 ××日承运

发站 A 发公司 A 公司 托运人商贸有限公司 装车单位托运人专用线

到站 B 到公司 B 公司 收货人饲料原料经营部 卸车单位 B

车种车型 $C_{64}$ 车号 ××××××××× 标重 61 t

2019 年 ×× 月×× 日第 ××××× 次列车到达

2019 年 ×× 月××日 ×× 时 ××分卸车 ×× 月 ×× 日 ××时 ××分卸完

封印：施封单位 / 施封号码 /

篷布：篷布号码×××××××× 保价/保险保价货物价格100 000 元

**二、货损情况**

| 项　目 | 货 物 名 称 | 件数 | 包装 | 重量（kg） | | 托运人记载事项 |
|---|---|---|---|---|---|---|
| | | | | 托运人 | 承运人 | |
| 票据原记载 | 玉米 | 1 016 | 编织袋 | 61 | 61 | |
| | | | | | | |
| | | | | | | |
| 按照实际 | 玉米 | 1 016 | 编织袋 | 61 | 61 | |
| | | | | | | |
| | | | | | | |
| 货物损失详细情况 | A 站发 B 站整车玉米，卸前货检见，车门关闭，苫盖铁路篷布一块，篷布、绳网苫盖捆绑无异。开启车辆大门，见车门处车地板有液体流出，部分货物包装湿，检查篷布见篷布中部有约 15 cm×15 cm 修补旧痕。我会同收货人共同清点件数，实卸上货 1 016 件，与票记相符，湿损件与完好件分别码放，其中全部湿损 36 件，湿损面 40%～80%共计 7 件。 | | | | | |

**三、参加人签章**

车站负责人张三 编制人李四 审 核 人______

公 安 人 员____ 收货人____ 其他人员______

**四、交付货物时收货人意见**

________________________________________

________________________________________

____年__月__日货运记录（货主页）已交由____________________领取。

2019 年××月××日编制　　　　B 公司 B 车站（章）

问：指出货运记录中存在的缺陷，并提出修改意见。

答：记录中存在的缺陷：

（1）未记明货物装载状态，如：顶部货物装载是否起脊，篷布顶部是否有积水。

（2）未记明篷布修补旧痕的状态，是否有脱胶现象。

（3）“车门处车地板有液体流出”，这是什么“液体”？是从何而来？

（4）未记明“部分货物包装湿”的位置及分布情况，与“篷布修补旧痕”或“车门处车地板有液体”存在什么关联？

（5）“湿损面40%～80%共计7件”，如此表述湿损程度太笼统。

（6）“审核人”栏漏填签名，记录内容中记载“我会同收货人共同……”，“收货人”栏未填写姓名。

**【解析】**

《货损规则》附件2中一、（三）的规定，湿损货物编制货运记录要点为“重点勘察并记明损坏货物的损坏程度、部位、数量、包装损坏状态、破损部位、新痕旧痕、内货固定及衬垫情况，加固材料质量、加固方法，包装上标明的装卸方式；装载方法、码放位置及周围货物；在货车内或集装箱内的装载位置、高度等。其中货物湿损，敞车装运苫盖篷布的，记明货物装载状况、篷布质量、苫盖、绳索捆绑等情况，篷布所属单位”。

### （二）苫盖自备篷布运输发生的损失

1. A站（甲集团公司）发B站（乙集团公司）水泥60 t，

件数 1200 件，使用敞车装运，保价 6 万元，苫盖自备篷布一张，该车到达 B 站，卸车发现无自备篷布，50 件水泥湿损结块，于当日编制货运记录，经鉴定湿损水泥无使用价值，要求铁路赔偿 2500 元。请判定货物损失种类，并根据以上材料分析列责赔偿。

**答：**货物损失种类属损坏类。

根据《货损规则》附件 3 中三、（三）2.（3）的规定：托运人自备篷布丢失、损坏及造成货物湿损，列发站责任，赔款由发站和沿途铁路局集团公司（不含发送铁路局集团公司）分摊。上货损失列 A 站责任，赔款由 A 站承担 1250 元，乙集团公司承担 1250 元。

**【解析】**

《货损规则》第十八条第二款规定：自备篷布、自备集装箱发生损失时，需在发现损失次日内按批（车）编制货运记录。本案例中托运人使用自备篷布苫盖货物，在运输过程中篷布丢失，且造成货物湿损。应按照《货损规则》附件 3 中三、（三）2.（3）款之规定列责。本题中未提自备篷布丢失损失的价值。托运人自备篷布属货物一部分，严格来说，铁路应当对自备篷布丢失的价值也应进行赔偿。

2. A 站发 B 站米糠一车，1100 件，重 56 t，苫盖自备篷布 2 块，该车到达 C 站发现无自备篷布，C 站编制普通记录证明继运；B 站到达检查与 C 站普通记录记载相符，卸车发现米糠湿损 413 件，丢失 27 件，编制货运记录送查

C站抄A站，A站未复，C站未按《货损规则》规定处理。收货人将湿损米糠降价处理后，要求铁路赔偿米糠湿损损失8 260元，丢失损失810元，自备篷布丢失损失1 060元，合计损失10 130元。

**问：**

（1）各站在处理过程中存在哪些问题？

（2）请依章划分损失责任。

（3）B站在理赔方面应如何处理？

**答：**（1）首先该案例B站送查不正确，按章应送查A站、抄C站，其次C站发现无自备篷布应编制货运记录。

（2）从损失程度看属于损坏，是由于自备篷布丢失造成的湿损，应根据《货损规则》附件3中三、（三）2.（3）规定：托运人自备篷布丢失、损坏及造成货物湿损，列发站责任，赔款由发站和沿途各铁路局集团公司（不含发送铁路局集团公司）分摊。

（3）该案例赔款已超过10 000元，属于二级损失，由B站在受理当日，以查复书写明调查过程、损失款额等上报主管铁路局集团公司，抄送A、C站，由主管铁路局集团公司审核办理。

**【解析】**

（1）《货损规则》第二十四条第二款规定：到站编制的货运记录，应在货运记录编制当日将案卷传输发站及有关站调查。

（2）《货损规则》第十八条第二款规定：自备篷布、自备集装箱发生损失时，需在发现损失次日内按批（车）编制货运记录。

(3)《货损规则》第三十七条规定：二级、一级损失的赔偿及保价货物损失补偿，由受理站在受理当日，以查复书写明调查过程、损失款额、赔（补）偿金额等上报主管铁路局集团公司，抄送发、到站及相关站，由主管铁路局集团公司审核办理。

(4) 本案例中一是到站编制货运记录后送查不正确；二是丙站在运输途中发现无自备篷布，应扣车清点件数后编制货运记录，并重新加苫篷布继运。而不是仅编制普通记录证明现状后继运。

# 六、棚车装运货物发生损失

1.2018 年 3 月 8 日 A 站发 B 站面粉一车，2400 件，保价 18 万元，施封 2 枚。到 C 站货检见运行右侧无封，向上一货检站 D 站拍发电报，补封继运。到达 B 站检查见右侧为 C 站封，另一侧为 A 站封，按规定拍发电报。会同公安及收货人卸车，开启车门，见车容未满，车门处货物堆码混乱。卸见上货较票据记载 2 400 件不足 70 件，实卸 2 330 件。另卸见列车运行前端部有部分货件包装外有湿迹，经清点湿损 56 件。检查该车顶部有湿痕，但不透光，湿损货件正对该处。该车定检施修单位为：甲局车辆段，时间为：17.12—16.12。请定责并计算赔偿金额。湿损 56 件货物，经整理并鉴定损失价值：3 000 元。

**答：**（1）不足 70 件赔偿金额：180 000 元÷2 400 件×70 件=5 250 元。

依据《货损规则》附件 3 中二、（一）3 之规定：货车在途中发生补封，按规定拍发电报的，列上一责任货运检查站责任；拍发电报漏抄送发、到站的，列上一责任货运检查站责任，赔款由责任单位和补封站分摊。因此该案例赔款由 D 站、C 站共同承担，责任列 D 站。

（2）湿损 56 件赔偿金额 3 000 元，由甲局集团公司负责。依据《货损规则》附件 3 中三、（三）1.（2）规定：因漏雨造成的湿损，货运检查不能发现的，列最近定检施修该车的车辆段所属铁路局集团公司或车辆厂属地铁路局集团公司责任。

**【解析】**

（1）棚车在运输途中发生破封，中途货检站“C 站”发现后虽然拍发了站车交接电报，但是所拍电报不符合规定，漏抄送发、到站，因此依据《货损规则》附件 3 中二、（一）3 之规定，与责任站共同分摊了被盗货物损失赔款。

（2）棚车顶部不透光货物发生湿损。判定车辆定检施修单位以及车辆是否在定检施修有效期间，应以车体上的标记为准。上货位于运行前端部有部分货件包装外有湿迹，且棚车在定检施修有效期内，因此应依据《货损规则》附件 3 中三、（三）1.（2）之规定列责。

2. 2019 年 5 月 10 日，A 站承运到 B 站整车大米，2 400 件，60 t，保价 30 万元，棚车装运、施封运输。该车运行至 C 站货检检查发现运行右侧无封，补封一枚，按规定向上一货检站 D 站拍发电报并抄送有关站。B 站到达检查见右侧为 C 站封，另一侧无封，开启车门，见车容未满，车门处货物堆码混乱。卸车清点，实卸 2 330 件，货较票据记载 2 400 件短少 70 件。另见列车运行前端部有部分货件包装外有湿迹，经清点有 36 件湿损。检查该车顶部有湿痕，透光检查不透光，湿损货件正对该处。

该车施修情况：段修：19.08 18.01 甲段

厂修：21.02 12.02 乙厂

要求：请判定货物损失责任，并说明理由和依据。

**答：**（1）短少 70 件，列 D 站责任，B 站分摊赔款。

短少 70 件，1 750 kg，未达到 2 t。应依据《货损规则》附件 3 中二、（一）3 的规定“货车在途中发生补封，按规定拍发电报的，列上一责任货运检查站责任”，列 D 站责任。

B 站分摊赔款。到站检查现车另一侧无封印，未在 120 min 内拍发站车交接电报补封。依《货损规则》附件 3 中二、（一）5 的规定：“施封的货车，已有途中站车交接电报或普通记录，现状与途中交接电报或普通记录记载内容不相符，未拍发站车交接电报的，列卸车站责任。”列 B 站责任。

综上，短少 70 件，列 D 站责任，B 站分摊赔款。

（2）湿损 36 件。列甲集团公司责任。该车顶部有湿痕，但透光检查不透光，湿损货件正对该处。该车定检不过期，最近定检施修单位：甲段。依《货损规则》附件 3 中三、（三）、1、（2）的规定：货运检查不能发现的，列最近定检施修该车的车辆段所属铁路局集团公司或车辆厂属地铁路局集团公司责任。综上：该案例短少 70 件列 D、B 责任赔偿，湿损 36 件列甲集团公司责任。

**【解析】**

（1）《铁路货物运输管理规则》第四十四条规定：交接检查时发现的问题应按有关规定进行处理，并应于列车到达后 120 min 内以电报通知上一货检站，同时抄知发到站。

(2) 该案例属于运输途中连续破封，C 站货检检查发现运行右侧无封，补封一枚，按规定向上一货检站 D 站拍发电报并抄送有关站。而 B 站到达检查见右侧为 C 站封，另一侧无封，未按规定拍发站车交接电报。如现状与途中交接电报或普通记录记载内容相符，卸车站可以不再拍发电报。因此依《货损规则》附件 3 中二、(一) 5 之规定，B 站应分摊赔款。

(3)《货损规则》附件 3 中三、(三) 1 之规定：棚车、冷藏车装运的货物：

①因漏雨造成的湿损，货运检查能够发现的，列装车站责任；

②因漏雨造成的湿损，货运检查不能发现的，列最近定检施修该车的车辆段所属铁路局集团公司或车辆厂属地铁路局集团公司责任。

3. 2019 年 4 月 9 日 A 站发 B 站面粉一车，2 400 件，保价 12 万元 (实际价值 22 万元)，施封 2 枚。到 C 站货检见运行右侧无封，拍发电报送上一货检站 D 站补封继运。到达 B 站：卸见右侧为 C 站封，另一侧为 A 站封，与运单记载不符，会同公安人员卸车，开启车门，见车容未满，车门处货物堆码混乱，卸见上货较票据记载 2 400 件不足 40 件，实卸 2 360 件；另卸至列车运行前端部有部分货件包装外有湿迹，经清点有 47 件湿损。检查该车顶部有湿痕，但不透光，湿损货件正对该处。该车定检施修单位和时间为：19.12—18.12 甲段。湿损 47 件经鉴定残值 940.00 元。请替 B 站定责并计算应赔偿款额。

**答：**（1）被盗定责及赔偿：

不足 40 件的货物实际损失：40 件÷2 400 件×120 000 元＝2 000 元。

依据《货损规则》附件 3 中二、（一）3 的规定：货车在途中发生补封，按规定拍发电报的，列上一责任货运检查站责任；拍发电报漏抄送发、到站的，列上一责任货检站责任，赔款由责任单位和补封单位分摊。列 D 站责任，C 站分摊。

（2）损坏定责及赔偿：

湿损 47 件货物实际损失：220 000 元÷2 400 件×47 件≈4 308.30 元。

4 308.3 元－940 元（残值）＝3 368.30 元。

应赔偿款额：3 368.3 元÷220 000 元×120 000 元＝1 837.20 元。

依据《货损规则》附件 3 中三、（三）1.（2）的规定：因漏雨造成的湿损，货运检查不能发现的，列最近定检施修该车的车辆段所属铁路局集团公司或车辆厂属地铁路局集团公司责任。列甲集团公司责任。

综上，应赔偿 2 000 元＋1 837.2 元＝3 837.20（进整至 3 838）元，列 D 站责任赔偿 1 000 元，C 站分摊 1 000 元，甲集团公司分摊赔款 1 838 元。

【解析】

（1）“被盗”和“丢失”的区别在于是否有被盗痕迹。本案例中“右侧为C站封，另一侧为A站封，与运单记载不符，会同公安人员卸车，开启车门，见车容未满，车门处货物堆码混乱”可视为被盗痕迹。

（2）《铁路保价运输规则》第十八条规定：保价货物发生损失时，按实际损失赔偿，赔偿额按下列标准计算：①全批损失时，最高不超过该批货物的保价金额；②部分损失时，按损失货物占全批货物的价值比例乘以保价金额计算。

（3）本案例中货物属于未足额保价，货物实际价值22万元，仅保了12万元。计算保价货物应赔偿款额时，要注意用实际损失款额减去残值，再按损失货物占全批货物的价值比例乘以保价金额计算赔偿款额。

4. A站（甲集团公司）发B站（乙集团公司）一车大米，2400件（25 kg/件），60 t，B站卸前检查发现该车一侧无封，向上一货检站C站拍发补封电报，但漏抄送发站，卸车时见车门口货物堆码零乱，有明显被盗痕迹，全车实卸2350件，短少50件，另见车内前部上层货物有60件不同程度湿痕，货运检查该车不透光，A站提供的装车时影像资料显示装车时货物状态良好。请对货物损失定责，并说明理由和依据。

车辆定检情况：

乙厂 19.10—18.06；乙厂 24.06 —18.06。取消辅修。

**答：**（1）短少 50 件大米，50 件×25 kg/件＝1 250 kg，不足 2 t，且到站拍发的补封电报漏抄发站，根据《货损规则》附件 3 中二、（一）3 的规定：货车在途中发生补封，拍发电报漏抄送发、到站的，列上一货运检查站责任，赔款由责任单位和补封单位分摊。短少 50 件大米列 C 站责任，赔款由 C 站和 B 站分摊。

（2）湿损 60 件大米，湿损货物堆码于车内前部上层，并非车门处，应是车辆技术状态不良漏雨所致，货运检查不能发现该车透光，根据《货损规则》附件 3 中三、（三）1.（2）规定，因漏雨造成的湿损，货运检查不能发现的，列最近定检施修该车的车辆段所属铁路局集团公司或车辆厂属地铁路局集团公司责任。湿损 60 件大米列乙集团公司责任。

**【解析】**

（1）棚车、冷藏车装运货物发生湿损的原因可能有：①车体技术状态不良（透光）。②车体技术状态不良（不透光）。③因车门窗等原因造成。

（2）《货损规则》附件 3 中二、（一）3 的规定："货车在途中发生补封，按规定拍发电报的，列上一责任货运检查站责任；拍发电报漏抄送发、到站的，列上一责任货检站责任，赔款由责任单位和补封单位分摊。"

（3）《货损规则》附件 3 中三、（三）1.（2）的规定："因漏雨造成的湿损，货运检查不能发现的，列最近定检施修该车的车辆段所属铁路局集团公司或车辆厂属地铁路局集团公司责任。”

5. A站承运B站整车玉米一车，棚车，1 200件，60 t，货物实际价格15万元。承运人装车，施封两枚，途中到达C货检站发现一侧无封，按规定补封电告上一货检站并抄发到站。到站卸见短少25件，另100件有不同程度湿损霉变，整理鉴定后损失40件。该案例由承运人承担赔偿责任。请回答：

（1）B站货物损失处理人员应重点勘察哪些内容？

（2）如托运人没有办理保价运输，怎么赔偿？

（3）如托运人参加了保价运输，保额5万元，怎么赔偿？

**答：**（1）B站货物损失处理人员重点勘查湿损货物在货车内的装载位置、湿损数量及程度；车辆的定检修单位和时间，车体不良部位和尺寸，是否透光等情况。同时还要重点勘查列车车次、到达时间、开始作业和卸车完了时间、编挂位置及上一责任货检站检查情况；车体状态、门窗关闭状态、施封状态；车内货物装载现状，车内货物装载状态，是否装满（能否容下少件），有无明显被盗痕迹。如是车窗处被盗丢失时，记明货物装于车窗位置以及该车窗锁闭状态。

（2）货物每吨的实际价格：150 000元÷60 000 kg＝2 500元/kg，托运人没有办理保价运输，按件数和重量承运的货物，按限额赔偿，每吨最高赔偿 2 000 元，损失货物重量：25 件＋40 件＝65 件，60 t÷1 200 件×65 件＝3.25 t，因此应最高赔偿 3.25 t×2 000 元/t＝6 500 元。

（3）托运人未足额保价，保额 5 万元，按实际损失货物占全批货物的价值比例乘以保价金额赔偿，货物实际损失价值为：150 000 元÷1 200 件×65 件＝8 125 元，应赔偿：8 125 元÷150 000 元×50 000 元≈2 709 元。

**【解析】**

（1）《货损规则》附件 2 中“（二）被盗丢失”：车内货物被盗丢失：重点勘查并记明列车车次、到达时间、开始作业和卸车完了时间、编挂位置及上一责任货检站检查情况；车（箱）体状态、施封状态；车内货物装载现状，车（箱）内货物装载状态，是否装满（能否容下少件），有无明显被盗痕迹……。棚车装运的，重点勘查并记明车体、门窗关闭状态，施封加固情况。棚车车窗处被盗丢失时，记明货物装于车窗位置以及该车窗锁闭状态……。

（2）《货规》第五十六条规定：货物损失的赔偿价格：灭失时，按灭失货物的价格；损坏时，按损坏货物所降低的价格。……但保价运输的货物，最多不能超过该批货物的保价金额，只损失一部分时，按损失货物与全批货物的比例乘以保价金额赔偿。不保价运输的，不按件数只按重量承运的货物，每吨最高赔偿 100 元，按件数和重量承运的货物，每吨最高赔偿 2 000 元；个人托运的搬家货物、行李每 10 公斤最高赔偿 30 元，实际损失低于上述赔偿限额的，按货物实际损失的价格赔偿。货物的损失由于承运人的故意行为或重大过失造成的，不适用赔偿限额的规定，按照实际损失赔偿。

(3)《铁路保价运输规则》第十八条规定：保价货物发生损失时，按实际损失赔偿，赔偿款额按下列标准计算：(一) 全批损失时，最高不超过该批货物的保价金额；(二) 部分损失时，按损失货物占全批货物的价值比例乘以保价金额计算。

6. A 站发 F 站中药材零散一批，运单记载 160 件、11 000 kg，保价 15 万元，使用棚车一辆装运。该车运行至 C 货检站时检查发现一侧 A 站封，另一侧无封，C 站依章补封一枚继运，并向上一货检站 B 站拍发电报，抄送 F 站。该车到达 F 站后，货运员会同公安共同拆封卸车，开启车门发现车中部门口处货物堆码凌乱，有明显被盗痕迹，经清点实卸 164 件，复衡检斤重量为 11 275 kg。

A 站答复 F 站：该批货物承装实为 180 件、12 375 kg。

(1) 划分责任并说明依据；

(2) 计算货物损失赔偿金额。

**答：**(1) 依据《货损规则》附件 3 中二、(一) 3 之规定，列 B 站责任，C 站补封电报未抄送 A 站，C 站分摊赔款；依据《货损规则》附件 3 中四、(三) 之规定，列 B 站责任，A 站分摊赔款。综上所述，列 B 站责任，赔款由 B 站、C 站、A 站共同分摊。

（2）（12 375 kg－11 275 kg）÷12 375 kg×150 000 元≈13 334 元。

**【解析】**

（1）《货损规则》附件 3 中二、（一）3 的规定：货车在途中发生补封，按规定拍发电报的，列上一责任货运检查站责任；未按规定拍发电报，列补封站责任；拍发电报漏抄送发、到站的，列上一责任货运检查站责任，赔款由责任单位和补封单位分摊。

（2）《货损规则》附件 3 中四、（三）规定：由于发站未检斤或检斤不准确，发生被盗丢失后重量相符或多出时，列责任站责任，赔款由责任站和发站分摊。

7. A 站 NUZB1001234 号记录内容：B 站发 A 站整车矿泉水（票据记载：7 550 件，70 t，保价 10 万元），卸前货检好，车门手把处用八号铁线捆绑加固无异，施封如上记有效。拆封时发现运行左侧 39805 号施封锁锁杆顶端无施封锁帽，锁杆上刻有一圈凹槽，凹槽内绑有铁丝代替施封锁帽，向公安报案备查，开启车门，见车门口处货物码放整齐，无明显凹状，卸见车内各处各层有部分纸箱有不同程度脱胶侧裂，可见内货，卸出清点共计 26 件，开检内货完好无破漏，全车实卸 7 404 件，较电子票据记载 7 550 不足 146 件，上货车内自码 13～14 个高，车内货物堆码整齐，车容未满，卸空无残。

提示：（1）沿途经过甲、乙、丙、丁、戊、己集团公司。

(2) 沿途计量设备检测情况：B站：68.9 t，C站：68.6 t、D站：65.3 t，E站：66.7 t，F站：68.2 t，G站：67.7 t，H站：68 t，I站：67.3 t，J站：67.80 t，K站：64.2 t，L站：68.5 t，A站：67.7 t。

要求：(1) 请代到站定责，简要叙述该案例责任站在处理中存在问题；(2) 请列出列责规章依据。(3) 请计算赔偿款额。

**答：**(1) 列A站责任。到站未按规定拍发站车交接电报。

(2)《货损规则》附件3、二、(一)、2。

(3) 100 000元÷7 550件×146件≈1 933.78元。进整为1 934元。

**【解析】**

(1)《货规》附件二、一、(四) 规定：发现施封锁有下列情形之一，即按失效处理：

①钢丝绳的任何一端可以自由拔出，锁芯可以从锁套中自由拔出；

②钢丝绳断开后再接，重新使用；

③锁套上无站名、号码和站名或号码不清、被破坏。”

(2)《货损规则》附件3、二、(一)、2规定：“封印失效、丢失、断开，不破坏封印即能开启车门，均按站车交接规定列责。

# 七、集装箱装运货物发生损失

1. 2019 年 3 月 15 日，A 站（甲集团公司）承运到 B 站（乙集团公司）瓷砖一车，集装箱运输，未保价未保险。3 月22 日 B 站卸车交付无异，3 月 24 日掏箱时发现内货破损，B 站于当日编制货运记录，3 月 25 日送查发站并同时下达定责通知书：依据《货损规则》附件 3 中三、（一）4 规定列 A 站责任。A 站当日答复：承装货件良好，包装符合标准，箱体完整，按方案装载，并在系统内加载装箱照片，同时对定责意见提出异议要求裁定。到站坚持定责意见，经鉴定货物实际损失 9 000 元。

根据上述情况分析到站存在哪些问题？此种情况下，发站应如何处理？

考点：

①集装箱运输的货物编制记录时限要求。

②记录编制送查时限要求。

③集装箱运输易碎货物损坏划责依据。

④收到裁定要求后的处理。

⑤未按规定报裁的处理。

**答：**

（1）到站存在下列问题：

①集装箱运输，3 月 22 日卸车交付无异，3 月 24 日发现损失。到站编制货运记录违反《货损规则》第十八条第（六）款规定，“集装箱运输的货物，箱体完整、施封良好，交付完毕次日内，收货人提出货物有损失经承运人确认时”的编制要求，属于不应编制的情况。

②到站在编制货运记录次日送查，且同时下达定责通知书，违反了《货损规则》第二十一条“应在货运记录编制当日以查复书形式，通过保价系统对货物损失的原因和责任进行调查”的规定，属于迟送查和未经调查定责的情况。

③到站依据《货损规则》附件 3 中三、（一）4 规定，列 A 站责任不妥。本案例中集装箱运输，货件承装良好，包装符合标准，箱体完整，按方案装载，并有装箱照片在案。不属于“经到站鉴定不属于包装质量和货物性质原因时，列装车站责任”的情况，而应当依据《货损规则》附件 3 中三、（二）的规定：“集装箱装运的易碎货物发生损坏，又查不明铁路内各单位间责任时，列到站责任，赔款由到站和沿途各铁路局集团公司（不含到达铁路局集团公司）分摊。”

④本案例货物实际损失 9 000 元，属于三级损失。发站提出裁定要求后，到站未依据《货损规则》第三十条第（二）款规定：“三级损失责任，到站应在收到要求裁定的查复书之日起 3 日内将定责意见上报主管铁路局集团公司，由到达铁路局集团公司裁定。”

（2）发站应依据《货损规则》第三十条“对二级、三级损失责任，到站未按规定上报的，由争议单位上报主管铁路局集团公司，协商到达铁路局集团公司处理。到达铁路局集团公司应及时提出裁定意见”之规定，上报主管铁路局集团公司进行协商裁定。

**【解析】**

到站一是违反了《货损规则》第十八条第（六）款和第二十一条规定的“货运记录编制时间要求”和“货运记录编制后调查处理时限要求”，存在迟编、迟送查记录问题。二是到站定责欠妥。货物发生损坏，到站应主动联系收货人检查确定或邀请有鉴定能力的第三方机构进行鉴定，确定货物损坏原因与货物包装之间的关系，以分析确定责任。集装箱装运的易碎货物发生损坏时，应视具体情况调查分析。铁路在装卸作业中的摔、撞及货车连挂中（包括调车作业）的冲撞，均有造成集装箱内货物发生损坏的可能。三是到站违反《货损规则》第三十条“争议单位提出要求裁定的查复书后，到站应在规定的时间内按权限做出裁定或上报”的规定，未及时将定责意见上报主管铁路局集团公司进行裁定。

2. A站发D站零散货物一批，品名：酒，纸箱包装，共100件2 t，装入2个1.5 t箱，清单记载每个1.5 t箱装50件，施封运输，经B站中转无异。D站卸该批货物发现其中一箱无封，清点该箱货物实有40件，掏箱发现另一箱实有50件，其中4件纸箱内货物全部破损，每箱装10瓶酒，全批货物规格一致。该批货物实际价值 50 000 元，保价 10 000 元。计算赔偿金额，划分货物损失责任及责任单位各承担款额。

（题中未特别说明的均符合规定。A、B、D 站分别属于 3 个相邻的铁路局集团公司）

**答：**（1）每件实际价值为：50000 元÷100 件＝500 元/件，实际损失为 14 件×500 元/件＝7 000 元，应赔偿 7 000 元÷50 000元×10 000 元＝1 400 元。

（2）经 B 站中转，到站卸车发现一箱无封少 10 件，依《货损规则》附件 3 的四、（二十二）中 2 之规定，列 B 站责任，损失为 10 件×500 元/件＝5 000 元，应赔偿 5 000 元÷50 000 元×10 000 元＝1 000 元；4 件破损损失 4 件×500 元/件＝2 000 元，应赔偿 2 000 元÷50 000 元×10 000 元＝400 元，依《货损规则》附件 3 的四、（二十二）中 3 之规定，因查不明铁路内各单位间责任，赔款由 D 站承担 134 元，A、B 所属铁路局集团公司各分摊 133 元。

**【解析】**

《货损规则》附件 3 的四、（二十二）使用 1.5 t 箱装运的货物发生损失，按下列规定划责：

（1）箱体完整、施封有效，列装箱站责任。

（2）箱体有异状、施封无效（或无封），列装箱站责任。

（3）装运的易碎货物发生损坏，又查不明铁路内各单位间责任时，列到站责任，赔款由到站和沿途各铁路局集团公司（不含到达铁路局集团公司）分摊。

# 八、易碎货物发生损失

A 站发 B 站玻璃一车，30 件，重 60 t，B 站卸车发现 9 件破损，编制货运记录送查 A 站。B 站交付时会同收货人检查，共损坏 2 000 mm ×1 500 mm×5 mm 玻璃 311 块，每平方米单价 27.50 元；2 000 mm ×1 000 mm×5 mm 玻璃 72 块，每平米单价 26 元。损坏玻璃属粉碎性破损无使用价值，废玻璃残值为 807 元。该批货物价值 126 251 元，保价 10 万元，收货人提赔 29 401.50 元。A 站查复称“按保价规定处理”。问：该案例如何划责及理赔？并说明规章依据。

**答：**（1）该案例属损坏类货物损失，依据《货损规则》附件 3 中三、（二）“整车、货物快运装运易碎货物发生损坏，除能查明责任者外，列发站责任”的规定，该案例由 A 站负责。

（2）收货人提赔 29 401.50 元，依据：

（2 m×1.5 m×311×27.5 元/$m^2$）+（2 m×1 m×72×26 元/$m^2$）=29 401.50 元

可见其未扣除废玻璃残值 807 元。

实际损失金额应该为：

29 401.50 元−807 元=28 594.50 元

因不足额保价，按保价比例应赔付：100 000 元/

126 251 元×28 594.50 元＝22 648.90 元，进整为 22 649 元。

本案例属二级损失的赔偿，依据《货损规则》第三十七条规定：由受理站在受理当日，以查复书写明调查过程、损失款额、赔偿金额等上报主管铁路局集团公司，抄送发、到站及相关站，由主管铁路局集团公司审核办理。

**【解析】**

(1) 货物发生损坏，定责可依据《货损规则》附件 3 中三、(二) 规定：整车、货物快运装运易碎货物（包括以缸、坛、陶瓷、玻璃为容器的货物）发生损坏，除能查明责任者外，列发站责任；有明显冲撞痕迹，查不清责任者时，列到站责任，赔款由到站和沿途各铁路局集团公司（不包含到达铁路局集团公司）分摊。

(2) 分析整车易碎货物损坏原因，可从包装、装载或车辆是否发生冲撞入手，查明情况确定责任。

# 九、运到逾期

1. 2018 年 12 月 18 日 A 站承运到 B 站挂历一车，车号 P3312123，件数 2 000 件，件重 30 kg，全批保价 12 万元，A 站至 B 站计费里程 2 559 km。运输途中因自然灾害滞留 2 日，该车于 2019 年 1 月 5 日到达 B 站卸车，收货人于当日办理领取手续，并向 B 站提出逾期违约，同时提出该批货物逾期到达导致挂历市场价值降低的赔偿要求。以下是 B 站的处理情况：

(1) 依《货规》规定向收货人支付了规定的运到逾期违约金；

(2) 根据收货人的赔偿要求，受理了赔偿手续，填制“货物损失赔偿通知书”办理赔偿。

请回答 B 站办理是否正确？如果不正确应如何办理？

**答：**(1) 货物运到期限计算如下：

货物发送期间：1 日；

货物运输期间：2 559 km ÷ 250 km/日 = 10.2 日 ≈ 11 日；

货物运到期限：1+11=12 日；

实际运到日数：自 2018 年 12 月 19 日至 2019 年 1 月 5 日共计 18 日−2 日=16 日；

逾期日数：16 日－12 日＝4 日。

B 站依《货规》第三十七条规定向收货人支付了规定的运到逾期违约金，办理正确。

（2）B 站受理赔偿手续，填制“货物损失赔偿通知书”，不正确。

B 站应按以下规定办理：

①超过运到期限造成使用价值降低的货物，符合保价补偿范围。保价货物在铁路运输过程中发生损失，经调查既不属于铁路承运人责任，又不是托运人、收货人以及押运人故意或过失行为造成的，铁路局集团公司可酌情对保价货物损失进行补偿。

②收货人向到站提出保价补偿要求时，按批提交“补偿要求书”，并附有关记录（货运记录）、货物运单、货物损失鉴定书及其他相关证明文件。

③车站受理保价补偿要求时，须审核“补偿要求书”内容及有关证明文件。确认符合保价补偿条件的，车站应将所有保价补偿申请材料报铁路局集团公司审批，并抄知直属车务站段。

**【解析】**

（1）《货规》第三十六条：货物实际运到日数的计算：起算时间从承运人承运货物的次日（指定装车日期的，为指定装车日的次日）起算。终止时间，到站由承运人组织卸车的货物，到卸车完了时止；由收货人组织卸车的货物，到货车调到卸车地点或货车交接地点时止。货物运到期限，起码天数为 3 日。

(2)《铁路保价运输管理办法》第二十条保价补偿范围包括:

①集装箱运输的货物;

②托运人、收货人自装卸的货物;

③有押运人的货物;

④因超过运到期限造成使用价值降低的货物;

⑤其他特定条件的货物。

"因超过运到期限造成使用价值降低的货物"是指:货物要求一定的销售时间段,由于超过运到期限,虽然货物未发生损失,但影响了其销售、使用价值。

(3) 本案例中运输的挂历就属于一定的销售时间段的货物,因逾期到达导致挂历市场价值降低,符合保价补偿的范围。

2. 某企业从 A 站使用 $P_{62K}$ 型棚车装运瓷砖发至 B 站,自 2013 年 5 月 10 日承运,5 月 20 日运行至 C 站时因车辆故障,车辆部门扣车要求倒装,5 月 26 日换装后继运,5 月 31 日到 B 站,客户提出货物运到逾期,要求铁路赔付逾期违约金。请按规定进行处理(A 站至 B 站里程 3 272 km)。

**答:** 3 272 km÷250 km/日=13.09 日≈14 日;

运到期限 14+1=15 日;

5 月 11 日至 5 月 31 日共发生 21 日;

21 日-15 日=6 日;

因承运人责任造成滞留时间不从实际运到期限天数中

扣除，货物运输期限在 11 天以上，6 日÷15 日＝0.4；

超过 3/10，但不超过 5/10 时，违约金为运费的 15％。

**【解析】**

(1)《货规》第三十七条：货物实际运到日数，超过规定的运到期限时，承运人应按所收运费的百分比，向收货人支付下列数额的违约金，见表 3。

**表 3**

| 逾期总日数 / 违约金 / 运到期限 | 1 日 | 2 日 | 3 日 | 4 日 | 5 日 | 6 日以上 |
|---|---|---|---|---|---|---|
| 3 日 | 15％ | 20％ | | | | |
| 4 日 | 10％ | 15％ | 20％ | | | |
| 5 日 | 10％ | 15％ | 20％ | | | |
| 6 日 | 10％ | 15％ | 15％ | 20％ | | |
| 7 日 | 10％ | 10％ | 15％ | 20％ | | |
| 8 日 | 10％ | 10％ | 15％ | 15％ | 20％ | |
| 9 日 | 10％ | 10％ | 15％ | 15％ | 20％ | |
| 10 日 | 5％ | 10％ | 10％ | 15％ | 15％ | 20％ |

货物运到期限在 11 日以上，发生运到逾期时，按表 4 规定计算违约金。

**表 4**

| 逾期总日数占运到期限天数 | 违约金 |
|---|---|
| 不超过 1/10 时 | 为运费的 5％ |
| 超过 1/10，但不超 3/10 时 | 为运费的 10％ |
| 超过 3/10，但不超过 5/10 时 | 为运费的 15％ |
| 超过 5/10 时 | 为运费的 20％ |

(2) 货物在运输过程中，由于下列原因之一，造成的滞留时间，应从实际运到日数中扣除：

①因不可抗力的原因引起的；

②由于托运人责任致使货物在途中发生换装、整理所产生的；

③因托运人或收货人要求运输变更所产生的；

④运输活动物，由于途中上水所产生的；

⑤其他非承运人责任发生的。

# 十、货物发生污染

1. A站2018年10月10日承运到B站面粉一车，使用60 t棚车一辆，承运人装车，1 200件，件重50 kg，未保价。该货于2018年10月21日14时20分到达B站货场卸车，该车卸前货检正常，施封有效，卸见车地板有大量黑色粉状物，致使底层部分面粉受到污染，经清点实卸1 200件，其中157件被污染无法食用。B站于2018年10月23日编制货运记录，经调查该车为A站卸后利用装车，原装货物品名为煤粉。收货人向B站提出赔偿要求，全车货物实际价格19.348万元。

（1）请指出A、B站存在的问题并划分责任。

（2）计算赔偿金额，说明赔偿依据。

**答：**存在的问题：

（1）A站存在问题：

①卸车后未彻底清扫车辆。《货规》第三十条规定：负责卸车的单位在卸车时，应将货物彻底卸净，卸空后的货车应清扫干净。《管规》第十五条规定：卸车后，应将车辆清扫干净。

②未按规定拨配并检查车辆。《货规》第二十五条规定："承运人应拨配状态良好，清扫干净的货车装运货物。"

《管规》第十四条规定："铁路组织装车时，车站应做到：装车前，认真检查……车内是否干净，是否被毒物污染。装运粮食……，还应检查车内有无恶臭异味。"

（2）B站存在问题：B站迟编货运记录。《货损规则》第十八条规定：凡是货物在铁路运输过程中发生货物损失的，车站均应在发现损失次日内按批（车）编制货运记录。该车10月21日到达并卸车，B站10月23日才编制货运记录。

责任划分：依据《货损规则》附件3中三、（五）"货车（集装箱）清扫不彻底、使用有'铁路货车洗刷回送标签'的车辆造成的货物污染，列装车（箱）站责任"的规定，以及四、（一）中第3项"误编、迟编以及迟送查记录，列责任单位责任，赔款由责任单位与记录编制站分摊"的规定，列A站责任，赔偿由A、B站分摊。

赔偿金额的计算：

《铁路法》第十七条规定："未按保价运输承运的，按照实际损失赔偿，但最高不超过国务院铁路主管部门规定的赔偿限额"；《货规》第五十六条规定："不保价运输的，按件数和重量承运的货物，每吨最高赔偿2 000元。"

实际损失：193 480元÷1 200件×157件＝25 313.63元；

赔偿限额：0.05 t/件×157件×2 000元/t＝15 700元；

故按限额赔15 700元进行赔偿，A、B站各分摊7 850元。

**【解析】**

（1）本案例属于承运人装车，发站（A站）将装运煤粉的车辆卸后利用装车时，违反《货规》第三十条和《管规》

第十五条“关于卸车后将货物彻底卸净，卸空后的货车应清扫干净”之规定。同时违反了《货规》第二十五条和《管规》第十四条之规定，存在未按规定拨配并检查车辆问题。

（2）到站（B站）违反《货损规则》第十八条规定，未在规定的期限内及时编制货运记录，存在迟编货运记录问题，因此应承担相应的责任赔款。

（3）由于本案例货物未参加保价运输，因此按照《铁路法》第十七条和《货规》第五十六条之规定，对损失货物进行限额赔偿。

2. A站发B站面粉一批，整车，编织袋包装，2 400件、60 t（件重25 kg），棚车装运。到站卸见车地板有大量黄色粉状物，致使底层面粉外包装受到污染，编制货运记录调查。

经查：该车由C站发D站色土（无毒），D站卸车后排空，到达A站送入粮食专用线装车。

（1）B站应采取什么方式进行快速调查，以便在最短的时间内查明污染源？

（2）对照规章分析各单位的货运作业存在哪些问题。

**答：**（1）B站首先应使用“货车追踪系统”或“铁路货运电子票据综合应用管理系统”查询该车近期的运行轨迹，找到与污染源相似的货物及装卸作业站。其次，通过“保价系统”编制货运记录建立调查卷。然后，根据“货车追踪系统”查询的结果，同时向A、C、D站传输案卷进行调查，分别提出调查要求，减少往返查询次数，达到快速调查。

（2）对照规章分析存在问题：

D站：卸车后未彻底清扫车辆。《货规》第三十条规定："负责卸车的单位在卸车时，应将货物彻底卸净，卸空后的货车应清扫干净。"《管规》第十五条也规定："卸车后，应将车辆清扫干净。"

A站：未按规定拨配并检查车辆。《货规》第二十五条规定："承运人应拨配状态良好，清扫干净的货车装运货物。"

粮食专用线：未认真检查车内卫生情况，未采取铺垫等防范措施。《货规》第二十五条规定："装车前，装车单位应对车厢的完整和清洁状况进行检查。托运人组织装车的货车，在装车前，发现车内留有残货，应通知车站清扫或处理。如车站委托托运人代为清扫时，应向托运人支付规定的货车清扫费。"

**【解析】**

（1）《货损规则》第十一条规定：发现货物损失后，发现人员应保护现场，立即向车站负责人和货物损失处理人员报告。接到报告后，车站负责人应组织有关人员立即赶赴现场进行货物损失勘查、清理、资料收集并编制"货物损失报告"。必要时通知托运人或收货人。

（2）《货损规则》第二十一条规定：车站发现货物损失，除按规定编制货运记录外，还应在货运记录编制当日以查复书形式，通过保价系统对货物损失的原因和责任进行调查，必要时可派人外出调查。

# 十一、换装整理

2018 年 7 月 20 日，A 站承装到 B 站面粉 2 400 件，运到期限 14 天，保价 20 万元，棚车运输。7 月 25 日 14 时运行至 C 站发现车门外胀，于 7 月 27 日 16 时整理完毕挂运。此车 8 月 5 日到站卸车施封完好、车门窗严密，货物装载无异状，实卸与运单记载相符；有 50 件包装外有湿痕、发霉呈黄色状，损件位于运行前端不同位置；卸空透光检查车辆运行前端左侧车顶位置有 0.5 mm×1 mm 透光，车辆定检为：20.9 18.8 甲段 22.9 14.9 乙厂，编货运记录 000315 号。全批货物卸码在 501 号货位，交付时发现有 70 件货物包装外呈黄色状，补编货运记录 000318 号。试分析责任如何划分。

**答：**（1）货物湿损 50 件：根据《货损规则》附件 3 的三、（三）“因漏雨造成的湿损，货运检查能够发现的，列装车站责任”，货物湿损 50 件应为 A 站责任；

（2）货物变质：根据《货损规则》附件 3 的四、（十七）“货车滞留，滞留站未按规定拍发电报，货物发生变质或损失，列责任单位责任，赔款由责任单位和滞留站分摊”，（货物 8 月 5 日到站卸车超过运到期限，发生 50 件货物变质，该车 C 站滞留 50 h 未拍发电报）。

综上，湿损霉变 50 件列 A 站责任，赔款由 A 站和 C

站分摊。

（3）霉变货物增加 20 件：根据《货损规则》附件 3 的三、（七）“对污染源和被污染货物处理不当，造成损失扩大时，由处理站承担损失扩大部分赔款”及附件 3 的四、（六）中 1“因处理不认真，未采取积极措施，列处理站责任”，到站卸车未将变质货件分别码放，造成霉变货物增加 20 件应为 B 站责任。

**【解析】**

（1）《管规》第四十九条规定：“在运输中发现货车偏载、超载、货物撒漏，以及因车辆技术状态不良，经车辆部门扣留，不能继续运行，或根据本规则有关规定需要换装整理时，由发现站（或路局指定站）及时换装整理，……。换装整理的时间一般不应超过两天。如两天内未换装整理完毕时，应由换装站以电报通知到站，以便收货人查询。”

（2）本案例发站在装车前选择车辆时，未认真检查没有发现棚车顶部透光，致使货物在运输途中遇雨湿损，故此依据《货损规则 》附件 3 的三、（三）之规定，湿损货物列发站责任。

（3）该车运行至 C 站发现车门外胀，C 站对整理车辆时，在站滞留超过两天，未按《管规》第四十九条规定及时拍发电报，故此依据《货损规则》附件 3 的四、（十七）之规定，与发站分摊 50 件湿损货物的赔款。

（4）本案例中到站未将湿损货物与完好货物分别码放，造成损失扩大。故此依据《货损规则》附件 3 的三、（七）和附件 3 的四、（六）中 1 之规定，增加 20 件霉变的货物列到站责任。

# 十二、违反车辆使用限制

2019 年 5 月 4 日 A 站承运到 B 站涉外物资 1 车，车号：C1561489，票号：516677，保价 15 万元。5 月 15 日在 B 站卸车发现，篷布苫盖良好、装载无异状，货物部分湿损，16 日编制货运记录，并联系收货人进行晾晒、整理、货物损失鉴定。17 日 B 站将货运记录、货物损失鉴定书通过"铁路保价运输管理系统"送查 A 站。

请分析该案例货物损失责任，并说明定责依据。

**答：**（1）A 站违反《货规》第二十四条：对保密物资、涉外物资、精密仪器、展览品能用棚车装运的必须使用棚车装运，不得用其他货车代替；B 站违反《货损规则》第二十一条规定："车站发现货物损失，除按规定编制货运记录外，还应在货运记录编制当日以查复书形式，通过保价系统对货物损失的原因和责任进行调查。"

（2）依据《货损规则》附件 3 的三、（三）中第 2 项规定"敞车装运的货物，篷布苫盖良好、装载无异状，货物湿损列装车站责任"和《货损规则》附件 3 的四、（一）中第 3 项规定"迟送查记录，列责任单位责任，赔款由责任单位与记录编制站分摊"。列 A 站责任，赔款由 A 站与 B 站分摊。

【解析】

(1)《货规》第二十四条规定：承运人应按照运输合同约定的车种拨配适当的车辆。承运人如无适当货车拨配，在征得托运人同意、保证货物安全、货车完整和装卸作业方便的条件下可以代用。以长大货物车、冷藏车代替其他车辆及改变罐车使用范围时，应经国铁集团承认；其他车辆代替棚车时，应经铁路局承认。

车辆代用必须符合《铁路货物装载加固规则》中“货车使用限制表”的规定。

对保密物资、涉外物资、精密仪器、展览品，能用棚车装运的必须使用棚车装运，不得用其他货车代替。

(2) 本案例中A站违反《货规》第二十四条规定的车辆使用限制，使用敞车装运涉外物资，造成部分货物湿损，故此依据《货损规则》附件3的三、(三)中2.(1)之规定列A站责任。而到站B站未在货运记录编制当日送查，违反《货损规则》第二十一条规定货运记录编制后调查处理期限，因此根据《货损规则》附件3的四、(一)中3之规定，与发站分摊货物损失赔款。

# 十三、站车交接电报拍发时限

2019 年 4 月 10 日 A 站承运 D 站整车大米，车号 P3413257，承运人装车，施封两枚 F11355、F11356，2 400 件60 t，包装标重 25 kg，全批保价 16 万元。该车 4 月 20 日 9 时 10 分到达 D 站，当日 9 时 30 分开始卸车，货运检查施封为 A 站 F11345、F11346，与票据记载施封号码不符，D 站 10 时 50 分向 A 站拍发了电报，11 时 30 分卸完，清点全批货物实有 2 340 件。D 站于 4 月 21 日按规定编制了货运记录，4 月 24 日送 A 站调查。全批货物实际价值 24 万。(题中未特别说明的均符合规定)

(1) 计算赔偿金额？车站受理赔偿后如何处理？

(2) 划分货物损失责任，说明划责依据，计算责任单位承担款额。

**答：**(1) 少 60 件实际损失为 240 000 元÷2 400 件×60 件=6 000 元。

赔偿金额为 6 000 元÷240 000 元×160 000 元=4 000 元。受理站在受理当日，以查复书写明调查过程、损失款额、赔偿金额等上报主管直属站段，抄送发、到站及相关站，由主管直属站段审核办理。

(2) 短少货物重量不足 2 t。

D站卸车发现封印的站名相符但号码与货运票据信息不符，已在货车（卸车）到达120 min内按规定拍发了电报，卸车发现货物损失已按规定编制了货运记录，但D站未按规定在记录编制当日送查（迟送查记录），根据《货损规则》附件3的二、（一）中4以及附件3的四、（一）中3的规定，列A站责任，赔款由A站与D站各分摊2 000元。

**【解析】**

（1）《管规》第四十四条规定：交接检查时发现的问题应按有关规定进行处理，并应于列车到达后120 min内以电报通知上一货检站，同时抄知发到站。电报的内容应包括列车的车次、到达时分、车种、车号、发站、到站、品名、发现问题及简要处理情况，需编制记录时按规定要求编制。

（2）《货损规则》附件3的二、（一）中4规定：卸车站发现货车封印的站名相符但号码与货运票据信息不符时，按规定拍发站车交接电报，列装车站责任；不按规定拍发站车交接电报，列装车站责任，赔款由装车站和卸车站分摊。

（3）《货损规则》附件3的四、（一）中3规定：误编、迟编以及迟送查记录，列责任单位责任，赔款由责任单位与记录编制站分摊。

# 十四、误运送货物的处理

2019年4月8日，A站发B站铁精矿8车，4月12日到达B站准备次日卸车，当日接到A站拍发的铁路电报：上货因货运员操作失误，误运送至B站，实际到站应为C站，请求予以回送。请问B站应如何处理并说明规章依据。（考点：(1) 回送的办理条件；(2) 凭货运记录回送的操作。）

**答：**(1) B站应及时编制货运记录将上货回送正确到站C站。《货规》第五十二条规定："因承运人责任，将货物误运到站或误交付，承运人应编制货运记录将货物运到正当到站交给收货人。"

《货损规则》第十八条第（三）款规定："一批货物中的部分货物补送或损失货物及误运送、误办理及其他情况货物需要回送时"，应当编制货运记录。

(2) 按照《铁路货运票据电子化作业办法》（铁总货〔2018〕41号）第三十八条的第（三）款规定："凭货运记录回送的货物，车站在货运站系统、集装箱系统、零散货物快运系统根据货运记录组织装卸车。"首先，确认该批货物已经在货运站系统中已完成卸车操作。然后在保价系统内新增货运记录，选择下部的"回送货物"，填写相关内容，进行有效保存。然后在货运站系统中查询到该份记录，组织完成装车作业。

**【解析】**

（1）需要注意的是，没有货物损失的办理差错、误运送等，只按《货损规则》规定的程序办理，不列入“其他”类货物损失。发生误办理、误运送时，发现站应及时联系发站（误运站），由发站（误运站）提出处理意见，如需回送发站或正确到站时，凭货运记录回送。

（2）误运送货物编制货运记录的要点：误运送应记明判别误运送的依据，货物（车）的发站及正确到站。

# 十五、办理变更货物的处理

A站（甲集团公司）发B站（乙集团公司）玉米整车一车，1 200件，重60 t，使用敞车装运，苫盖自备篷布一块，货物价值10万元，未保价未保险，运到B站，托运人持领货凭证要求变更到C站（丙集团公司）卸车，B站经审查符合变更要求，报请集团公司批准，依章办理变更手续。该车到C站卸前检查发现无篷布，按规定处理并向上一有监控设备的货检站D站拍发电报。卸车清点货物丢失30件，湿损霉变无价值210件。收货人要求铁路赔偿丢失3 000元、湿损21 000元，以及篷布2 400元。到站在编记、送查以及受理赔偿方面应如何处理？并请划分责任及计算赔款。（考点：（1）自备篷布运输发生损失时应编制货运记录。（2）变更到站后发生货物损失，应传输变更站进行调查。（3）属于承运人责任时应及时受理赔偿，后划分内部责任。（4）赔款计算中的限额赔偿与实际损失。（5）变更站应作为新发站承担责任。）

**答：**（1）C站应在发现货物损失当日编制货物损失报告（《货损规则》第十一条），在次日内编制货运记录（《货损规则》第十八条）。自备篷布运输发生损失时应编制货运记录（《货损规则》第十八条）。还应“在货运记录编制当日

以查复书形式，通过保价系统对货物损失的原因和责任进行调查。”（《货损规则》第二十一条）

（2）C站应将案卷传输B站及A站进行调查。“整车货物变更到站，新到站检查发现货车封印或货物装载状态有异状，货物发生损失时（包括附有变更站或中途站记录的），案卷传输变更站及有关站调查。”（《货损规则》第二十四条）

（3）对收货人提出的赔偿要求应予受理。“对于承运人责任明确的货物损失，应先对外赔付，后划分铁路内部责任，做到主动、及时、真实、合理。”（《货损规则》第三条）

（4）计算赔款金额：

货物实际损失：100 000元÷1 200件×(30件+210件）＝19 999.99元，进整处理为20 000元。

收货人按照限额赔偿提出要求赔偿丢失部分3 000元，和湿损霉变部分21 000元，合计24 000元。

“实际损失低于上述赔偿限额的，按货物实际损失的价格赔偿。”（《货规》第五十六条）

应当按照实际损失赔偿20 000元＋2 400元＝22 400元。

（5）责任划分：本案例中变更受理站应作为新发站承担发送前检查的责任。依据《货损规则》附件3的三、（三）中2.（3）“托运人自备篷布丢失、损坏及造成货物湿损，列发站责任，赔款由发站和沿途各铁路局集团公司（不含发送铁路局集团公司）分摊。”及《货损规则》附件3的二、（二）中4之规定，列B站责任，丙局分摊赔款。

【解析】

(1)《货损规则》第十八条第（二）款规定："自备篷布、自备集装箱运输发生损失时"，需要编制货运记录。

(2)《货损规则》第三条规定：货物发生损失时，应本着对托运人和收货人高度负责的原则，积极采取保护措施，尽量减少损失。对货物损失发生的原因和责任认定，应调查研究，查清事实，根据国家法律、行政法规及总公司的有关规定进行处理。

对于承运人责任明确的货物损失，应先对外赔付，后划分铁路内部责任，做到主动、及时、真实、合理。

(3)《货规》第五十六条规定：但保价运输的货物，最多不能超过该批货物的保价金额，只损失一部分时，按损失货物与全批货物的比例乘以保价金额赔偿。不保价运输的，不按件数只按重量承运的货物，每吨最高赔偿100元，按件数和重量承运的货物，每吨最高赔偿2 000元；个人托运的搬家货物、行李每10 kg最高赔偿30元，实际损失低于上述赔偿限额的，按货物实际损失的价格赔偿。货物的损失由于承运人的故意行为或重大过失造成的，不适用赔偿限额的规定，按照实际损失赔偿。

(4)《货损规则》附件3的二、(二）中4规定：托运人自备篷布丢失及造成货物损失的，列发站责任，赔款由发站和沿途各铁路局集团公司（不含发送铁路局集团公司）分摊。

(5) 需要注意的是，本案例中货物实际损失为20 000元，托运人按限额赔偿规定要求赔偿24 000元。依据《货规》第五十六条规定："实际损失低于上述赔偿限额的，按货物实际损失的价格赔偿。"因此应当按照实际损失赔偿。

# 十六、由发现站负责处理的货物损失

2019 年 4 月 12 日 15 时 10 分，32321 次货物列车在 A 站通过，助理值班员发现机后 16 位货车冒烟，立即呼叫停车，车站值班员同时呼叫停车，15 时 12 分停车，车站组织相关人员携带灭火器进行扑救，15 时 25 分将火扑灭。请按货车火灾勘查重点进行现场勘查。

**答：**勘查重点：重点勘查并记明火灾列车车次、货车种类、到达时间、编挂位置及上一责任货检站检查情况、邻车情况、牵引机车类型；记明车辆状态（车底板、闸瓦、防火板等）；车内货物装载现状、起火部位、四周货物烧损情况；货物装载（苫盖物）高度；可能造成起火的各种迹象。以上均要记明火灾发生和扑灭的时间，被烧货物状态。

注：应根据实际记载。

**【解析】**

(1)《货损规则》第二十三条规定：发生火灾、货物变质、活动物死亡、气体类危险货物泄漏、剧毒品、爆炸品、放射性物品被盗丢失，货物损失能在发现站处理的，发现站应积极处理；不能在发现站处理的，应在货运记录编制当日将案卷传输到站处理，由发现站负责查明原因。

(2) 本案例中车辆在运输途中发生火灾后，发现站在对发生火灾的车辆进行勘查时，应按照《货损规则》附件2的一、(一) 之规定，进行重点勘查。

# 十七、拍发货物损失速报

2019 年 3 月 10 日 A 站（直属站）发 B 站整车 1 车，车号 $C_{64K}$4625389，压榨机 4 件，木箱包装，货票号码 Y0766523，保价 100 万元，该车 3 月 14 日到达 B 站，3 月 15 日卸前检查运行前端，其中 1 件木箱包装一侧有一处破洞，检内货有明显被盗痕迹，且台面有多处磨伤和划痕，车内货物用铁线加固，初步估算货物损失已超过 10 万元，B 站于当日卸车。请根据上述情况，拍发一份“货物损失速报”。

**答：**

货物损失速报

主送：A 站、A 局集团公司、B 局集团公司、B 站车务段、A 局铁路公安局、B 局铁路公安局

抄送：国铁集团货运部

（一）一级、被盗；

（二）2019 年 3 月 15 日、B 站；

（三）A 站、B 站、压榨机、2019 年 3 月 10 日；

（四）$C_{64K}$4625389、Y0766523、整车、保价 100 万元；

（五）3 月 15 日卸前检查运行前端，其中 1 件木箱包装一侧有一处破洞，检内货有明显被盗痕迹，且台面有多处磨伤

和划痕，车内货物用铁线加固，初步估算货物损失已超过10万元；

（六）请发站联系托运人，3日内提出处理意见。

B站

2019年3月15日

**【解析】**

（1）《货损规则》第十四条规定：发现火灾，罐车装运的压缩气体、液化气体泄漏，剧毒品、爆炸品、放射性物品被盗丢失以及估计损失款额达到一级损失等情况时，应在1h内逐级报告，并在24h内向有关车站、直属站段、铁路局集团公司和有关铁路公安部门以电报形式拍发“货物损失速报”，抄送国铁集团货运部。

“货物损失速报”内容如下：

①损失等级、种类；

②发现损失的时间、地点；

③发站、到站、货物名称、承运日期；

④车种、车型、车号、运单号码、办理种别、保价或保险金额（金额前注明“保价”、“铁险”或“商险”字样）；

⑤损失概要；

⑥对有关单位的要求。

拍发速报时，在电文首部冠以“货物损失速报”字样，①至⑥项为各项代号。速报由车站主管领导审核签发。

(2) 需要注意的是：对火灾，罐车装运的压缩气体、液化气体泄漏，剧毒品、爆炸品、放射性物品被盗丢失时，货物损失速报应报送公安部门；涉及保险运输的货物应由车站通知有关保险公司；货物损失需要托运人或收货人协助处理的，由车站通知托运人或收货人。

“对有关单位的要求”，是指拍发电报单位对平级或下级（也包括托运人或收货人）有关单位的要求。

速报由车站主管领导审核签发，是为了保证速报的严肃性，便于及时处理货物损失。

# 十八、货物损失鉴定

1.2019 年 5 月 15 日甲集团公司 A 站承运到丙集团公司 B 站面粉一车，2 400 件，60 t，使用 $P_{62K}$ 3104798 装运，保价 20 万元。该车卸前货检车门窗关闭严密，施封良好无异状。卸见车内货物表层被黑色粉末覆盖，卸车清点污染货件 230 件，收货人对本批货物拒收，并拒绝参加货物损失鉴定。后经食品检疫部门鉴定，黑色粉尘属炭黑粉，无毒性，运行途中经车窗缝隙透气孔进入，被污染货件影响销售和食用。B 站依章编制记录进行调查。A 站查复：承装情况良好，并在系统内加载装车照片。依据本案例情况请说明货物损失鉴定程序并划分内部责任。（考点：(1) 货物损失鉴定要求；(2) 棚车污染责任划分。）

**答：**(1) 货物发生损失不能判明发生原因和损坏程度，车站应会同收货人（托运人）或物流企业进行损失鉴定，必要时邀请有鉴定能力的第三方机构进行鉴定。（《货损规则》第十五条）

本案例中收货人拒绝参加货物损失鉴定时，可邀请有鉴定能力的第三方机构进行鉴定。第三方机构参加鉴定的，还需加盖鉴定单位的印章或附出具的货物损失鉴定报告。

车站组织货物损失鉴定时应由货运负责人、货物损失处理人员等两人以上参加鉴定。

(2) 本案例依据《货损规则》附件3的三、(三)中1.(3)“因车门、窗等原因造成的，列装车站责任，赔款由装车站和沿途各铁路局集团公司（不含装车铁路局集团公司）分摊。”

**【解析】**

(1)“第三方机构”是指具有资质和鉴定能力的专业鉴定机构，或承运人、收货人双方认可的其他单位。如承运人、托运人或收货人通过密切配合和检查鉴定，能够确定货物损失原因和损失程度的，可不再邀请有鉴定能力的第三方机构进行鉴定。

(2) 收货人（托运人）拒绝参加货物损失鉴定时或对鉴定结果不认同时，可邀请有鉴定能力的第三方机构进行鉴定。

2. 货运记录详情内容：A站发B站批量快运板纸（棚车装运60件，重量57 t，保价20万元）。卸检好，施封两枚有效。开启车门见内货有倾斜倒塌，即通知收货人会同卸车，卸见上货均外罩塑膜编织带捆缠木夹板包装。其中13件（规格880 mm×1 230 mm）全部垮塌散盘内货窜出，视内货均有不同程度的折皱变形及尘污；另有19件外罩塑膜及内货1侧各破约25 mm×30 mm×0.1 cm～30 mm×40 mm×0.2 cm不等新痕，并有不同程度的折皱变形及尘污（其中：16件规格880 mm×1 230 mm，3件规格846 mm×1 194 mm）。该货车内自码1～2个高，损失件位于中部前端。具体损失待鉴定。

已知条件：（1）全批货物60件实际价值378 492元。其中40件规格880 mm×1 230 mm，单价6 900元/t；20件规格846 mm×1 194 mm，单价6 800元/t。

（2）13件规格880 mm×1 230 mm损坏重量9 286.5 kg；19件中，16件规格880 mm×1 230 mm损坏重量3 048 kg，3件规格846 mm×1 194 mm，损坏重量510 kg。

（3）损坏纸张按废纸处理残值12 844.5 kg×0.2元/kg＝2 568.9元。

（4）中途站未发现有调车作业冲撞。

请帮助B站定责。做出货物损失鉴定书（见格式2，相关内容自行补充），计算出应赔偿给收货人的损失款额，按照权限怎样办理赔偿？

## 格式 2

# 货物损失鉴定书

B 站

<table>
<tr><td colspan="7">一、编制于 2019 年3月 1 日系补充 B 站编第 125312 号货运记录<br>发站 A站 ，到站 B站 ，运单号码： 022532<br>货物名称： 发生 损坏 情况的鉴定书</td></tr>
<tr><td rowspan="5">二、鉴定分析结论</td><td colspan="2">(1) 货物的性质和价格</td><td colspan="4"></td></tr>
<tr><td colspan="2">(2) 货物的损失程度和款额</td><td colspan="4"></td></tr>
<tr><td colspan="2">(3) 损失货物能否修理或者配换及所需费用，残留价值</td><td colspan="4"></td></tr>
<tr><td colspan="2">(4) 损失货物是否适用于原来的用途或作他用，对其价值有无影响</td><td colspan="4"></td></tr>
<tr><td>(5) 货物损失的原因</td><td>□甲：货物损失和包装的关系<br>□乙：货物损失和货物性质的关系<br>□丙：其他原因</td><td colspan="4"></td></tr>
<tr><td colspan="2">三、鉴定费用</td><td colspan="5"></td></tr>
<tr><td colspan="2" rowspan="2">四、参加鉴定人员职务及签章</td><td>鉴定单位</td><td>铁　路</td><td>托运人</td><td>收货人</td><td>其　他</td></tr>
<tr><td>321</td><td></td><td>123</td><td></td><td></td></tr>
</table>

日期：2019 年 3 月 1 日　　　　编制人： 张一

本鉴定书共二份：一份交托运人或收货人，一份留鉴定站存查。

**答：**货物在运输途中发生倾斜倒塌，按照《货损规则》附件3的三、（四）规定：货物装载加固违反规定……，造成货物损坏，列装车站责任。本案例列A站责任。

该货保价金额200 000元，全批货物实际价值378 492元。

全批货物损失：

（1）13件损失款额：9 286.5 kg÷（1 000 kg/t）×6 900元/t＝64 076.85元。

（2）16件损失款额：3 048 kg÷（1 000 kg/t）×6 900元/t＝21 031.2元。

（3）3件损失款额：510 kg÷（1 000 kg/t）×6 800元/t＝3 468元。

综上：货物损失款额共计88 576.05元。

减去损失货物残值，确定全批货物实际损失款额为：

88 576.05元－2 568.90元＝86 007.15元。

保额不足，按保价比例应赔偿86 007.15元÷378 492元×200 000元＝45 447.27元，进整为45 448元。

本案例属二级损失的赔偿，由B站在受理当日以查复书写明调查过程、损失款额、赔偿金额等上报B站所属铁路局集团公司，抄送发站及相关单位，由B站所属铁路局集团公司审核办理。

鉴定书内容见格式3。

## 格式 3

# 货物损失鉴定书

B 站

<table>
<tr><td colspan="7">一、编制于 2019 年 3 月 1 日系补充 B 站 编第 125312 号货运记录<br>发站 A 站 ，到站 B 站 ，运单号码： 022532<br>货物名称： 板纸 发生 损坏 情况的鉴定书</td></tr>
<tr><td rowspan="5">二、鉴定分析结论</td><td colspan="2">（1）货物的性质和价格</td><td colspan="4">板纸，原质量良好。<br>规格 880 mm×1 230 mm，40 件，单价 6 900 元/t。<br>规格 846 mm×1 194 mm，20 件，单价 6 800 元/t。<br>全批货物实际价值 378 492 元</td></tr>
<tr><td colspan="2">（2）货物的损失程度和款额</td><td colspan="4">13 件散盘内货窜出，有不同程度的折皱变形及尘污，规格 880 mm×1 230 mm，损失重量 9 286.5 kg，损失价值 64 076.85 元；19 件散盘内货窜出，有不同程度的折皱变形及尘污，其中 16 件规格 880 mm×1 230 mm，损坏重量 3 048 kg，损失价值为 21 031.20 元，3 件规格 846 mm×1 194 mm，损坏重量 510 kg，损失价值为 3 468.00 元，合计损失 88 576.05 元</td></tr>
<tr><td colspan="2">（3）损失货物能否修理或者配换及所需费用，残留价值</td><td colspan="4">损坏后不能修理或者配换，按废纸处理，残留价值 12 844.50 kg×0.20 元/kg＝2 568.90 元</td></tr>
<tr><td colspan="2">（4）损失货物是否适用于原来的用途或作他用，对其价值有无影响</td><td colspan="4">损失货物不能适用原来用途，须按废纸降价处理，实际损失价值 88 576.05 元－2 568.90 元＝86 007.15元</td></tr>
<tr><td>（5）损失原因</td><td>□甲：货物损失和包装的关系<br>□乙：货物损失和货物性质的关系<br>☑丙：其他原因</td><td colspan="4">外罩塑膜编织带捆缠木夹板包装。车内货物装载不良，倒塌所致</td></tr>
<tr><td colspan="2">三、鉴定费用</td><td colspan="5"></td></tr>
<tr><td colspan="2" rowspan="2">四、参加鉴定人员职务及签章</td><td>鉴定单位</td><td>铁路</td><td>托运人</td><td>收货人</td><td>其他</td></tr>
<tr><td>321</td><td>货运负责人：王三<br>安全员：张一</td><td>123</td><td></td><td></td></tr>
</table>

日期：2019 年 3 月 1 日　　　　编制人： 张一

本鉴定书一式两份：一份交托运人或收货人，一份留鉴定站存查。

**【解析】**

货物损失鉴定书中的货物价格、损失款额、残留价值应按实际价格填写和计算。赔偿时，保价货物损失的赔偿款额按损失货物占全批货物的价值比例乘以保价金额计算；非保价货物损失的赔偿款额按限额赔偿计算；鉴定费用按实际发生计算。

# 十九、编制查复书

2019 年 4 月 20 日，A 站（甲集团公司）承运整车大米，使用 60 t 棚车装运 3 000 件（其中 2 000 件 25 kg；1 000 件 10 kg），到站：B 站（乙集团公司）。4 月 30 日到达 B 站，当日卸车并编制货运记录："卸前货检好，施封 2 枚有效。开启车门见两侧车门处编织布围挡被割破，破口处包装被割破，内货外露。经会同公安卸检，其中 55 件包装各有一处长 11～27 cm 不等直破口，新痕，其中 50 件为 25 kg 装，过磅余重 225 kg，短少 1 025 kg；5 件为 10 kg 装，过磅余重 20 kg，短少 30 kg。共短少 1 055 kg。全车实卸"宁府御贡长粒香米"25 kg 装 2 000 件、10 kg 装 1 000 件，车内两种规格混码 10～14 个高。货损件位于车两侧车门处，破口均朝向车门。车容未满，卸空无残。"（该车途经丙、丁集团公司）

要求：请代 B 站分析定责，并使用"货物损失查复书"说明定责意见及定责依据（标明主送和抄送单位）。

**答：**（1）货车卸见车门口处 55 件大米编织袋割破 11～27 cm 不等直破口，明显为车门缝处货物被盗割所致，检斤共计短少 1 055 kg，短少不足 2 t，到站应根据《货损规则》附件 3 的二、3 规定：到站卸车货物短少不足 2 t 时，按以下规定划责。如按下列规定仍无法判断责任时，列装车站责任，赔款由装车站和沿途各铁路局集团公司（不含装车铁路局集团公司）分摊。故列A站责任，赔款A站与乙、丙、丁集团公司分摊。

（2）主送：A站

抄送：甲、乙、丙、丁集团公司

查复书内容：该棚车施封良好、车门缝处货物被盗割，会同公安检查卸车，清点内货实有3000件与票记相符，其中55件大米编织袋破11～27 cm不等，新痕，经收集整理过磅损件，共计短少1055 kg，短少不足2 t，根据《货损规则》附件3、二、3规定："到站卸车货物短少不足2 t时，按以下规定划责。如按下列规定仍无法判断责任时，列装车站责任，赔款由装车站和沿途各铁路局集团公司（不含装车铁路局集团公司）分摊。"列A站责任，赔款A站与乙、丙、丁集团公司分摊。

**【解析】**

（1）《货损规则》第二十九条规定：属于承运人责任的，铁路内部责任确定后，由定责单位填写查复书并下达'货物损失定责通知书'，送主管铁路局集团公司、责任铁路局集团公司、责任单位和发、到站及有关单位。查复书的内容应包含定责意见及定责依据。

（2）需要注意的是，货运记录必须附"货物损失查复书"，在记录编制当日通过保价系统进行送查。调查的目的是查明发生货物损失的原因和责任，调查意见应在查复书中记明；必要时可派人对发现货物损失的现场及相关环节进行实地调查。

# 二十、编制货运记录

简述在“铁路保价运输管理系统”中录制一份货运记录的操作流程（步骤）。

**答：**（1）录入铁路局集团公司服务器网址，登入“铁路保价运输管理系统”界面。

（2）以操作员自己的登录代码和登录密码，进入系统首页。

（3）点击系统功能模块【货损处理】，进入货损处理首页。

（4）在【登记簿】窗口的下拉菜单中，选择【货物损失登记簿】。

（5）点击功能键【建卷】，跳出【货物运单号码】窗口，录入货物运单号码，调取运单库信息。

（6）无票时，选择无票，点击【确定键】，出现空白货运记录，然后按照规定自行录入各栏内容。

（7）逐栏核对运单信息内容，无误后，根据“货物损失报告”的内容，录制货运记录。

（8）货运记录内容录制完毕后，点击功能键【草稿保存】，审核、修改货运记录内容，确认无误后，点击功能键【有效保存】，完成建卷工作。

**【解析】**

发现货物损失后，货物损失处理人员根据货运员编制的货物损失报告，使用“铁路保价运输管理系统”编制货运记录，建立案卷。

(1) 登录“铁路保价运输管理系统”，进入【货损处理】菜单，点击【货物损失登记簿】，进入货物损失登记簿界面（图 2）。

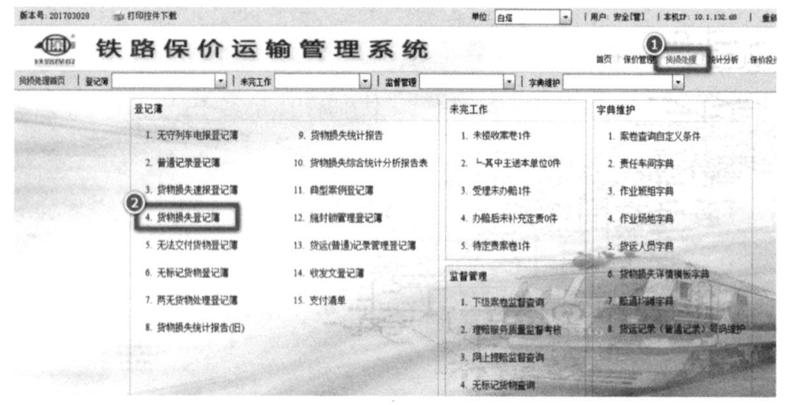


**图 2**

(2) 进入货物损失登记簿功能，点击【建卷】菜单，进入建卷界面（图 3）。

(3) 在出现的界面（图 4）中，依次选择货运记录、运单（货票），在运单号码处输入 12 位电子运单号码，确认输入正确后点击【确定】按钮。

(4) 出现提示未建立案卷界面（图 5），点击【编制案卷记录】进入。

单位: 白塔
用户: 安全[管]
重新登录
帮助
退出
价运输管理系统
首页
保价管理
统计分析
保价投资
保价资金
系统维护
未完工作
监督管理
字典维护
3
刷新
查询
建卷
详情
打印
导出excel
号码
发站
到站
货票号码
品名
损失种类
损失等级
办理种别
车种
车号
投保种类
投保金额
提赔人
提赔款额
10102
123456789034
国画颜料
丢失
轻微
整车
保价
0.00
0.00
10101
风干肉
整车
保价
0.00
0.00
10100
卑家店
承德东
磁带
整车
P62N
333333
保价
10000.00
0.00
10099
北京东
白塔
平口钳
丢失
整车
P62N
3333333
保价
12000.00
岳阳北林纸股份有限公司
1351.20
第一页
上一页
第1/1页
下一页
最后一页

图 3

货票识别码
×
建卷方式: 货运记录 商务记录
运单(货票) 零散快运票 批量快运票 无票
运单(货票识别
这里请输入12位电子运单号码
4
运单号码: BCHCZ0000018
5
确定
取消

图 4

立案查询
6
运单号码[BCHCZ0000018]未立案,是否现在立案?
编制案卷记录
取消

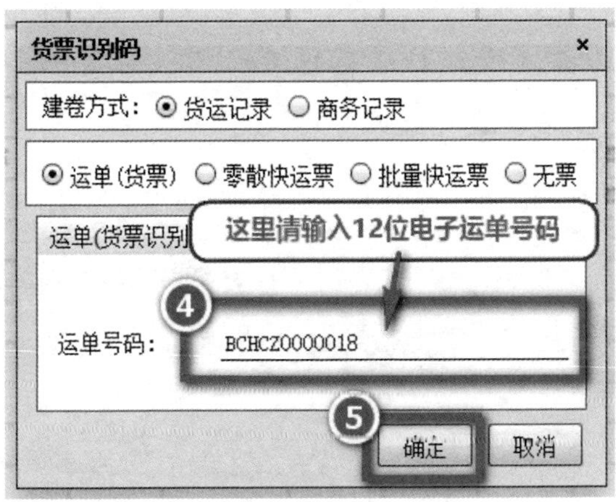

图 5

（5）此时出现货运记录编制界面（图6），运单相关信息将会自动填入货运记录对应输入项中，此时补充输入其他信息，将货运记录按实际业务要求编制完成。编制完成后，如果确认无误可以直接点击【有效保存】，保存货运记录。记录一旦有效保存将不能再修改，同时只有有效保存的货运记录才能存入电子票据库。如果不确定记录内容是否无误，还需要修改，可以点击【草稿保存】暂时保存，需要时再点击【修改】按钮，对记录内容进行修改，确认无误后再点击【有效保存】保存货运记录。有效保存货运记录时还会提示分配的货运记录号码，与纸质记录号码核对正确后点击【确定】进行保存。有效保存后，可以点击【打印】按钮打印编制好的货运记录。

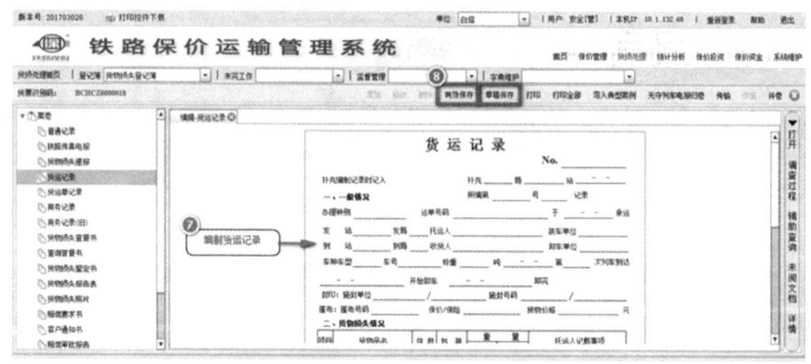


**图 6**

# 二十一、货物损失涉及物品清单

某站到达一车轮胎，棚车车门关闭、施封有效，一侧为途中补封，有补封电报，卸车清点实有992件，较票据记载1000件，不足8件，车内轮胎规格不同，分别为自行车轮胎、小汽车轮胎、大货车轮胎等。问：到站应如何处理？并依章划分货物损失责任。

**答：**（1）运输票据未附物品清单，卸车时应按照轮胎规格分别堆码清点数量，编制货运记录时分别记明现有货件的名称、规格和数量。交付货物时，到站须会同收货人确认短少货件的名称、规格和数量，如收货人提不出发货单据，无法判明短少数量时，应根据实际货物填写“货物损失清单”，涉及重量时应检斤。

（2）该案例属于被盗丢失，依据《货损规则》附件3的二、（一）中3的规定“货车发生补封，列上一责任货运检查站责任”，由补封站的上一责任货检站负责。但该车装载的轮胎属同一品名，但规格、价值不同，发站未按规定填写货物运单，也未附物品清单，造成到站难以确定货物损失，根据《货损规则》附件3的四、（十五）的规定，该案例列补封站的上一责任货检站责任，赔款由补封站的上一责任货检站和发站分摊。

【解析】

（1）《货损规则》附件3的四、（十五）规定：货物名称过多或同一货物名称的规格、价值不同以及同一包装内有两种以上的货物按一批托运时，未按规定填写货物运单、物品清单或填写简单笼统，造成到站难以确定货物损失时，列责任站责任，赔款由责任站和发站分摊。

（2）“货物名称过多”是指包括两种以上货物名称。托运人在货物运单记事栏内注明的，视为有物品清单。

# 二十二、法院判决按实际损失赔偿的处理

A 站 2019 年 3 月 19 日承运到 B 站锌锭一车，P3357891，1 200 件，保价：12 万，货物实际价格 36 万，该车到达 C 站货检发现，进向左侧施封锁 F43614 丢失，C 站在规定时间内向上一责任货检站 D 站拍发站车交接电报，抄送发站，3 月 26 日到达 B 站后，施封 2 枚有效。实卸上货 1 170 件，较运单记载 1 200 件短少 30 件。该案例由承运人承担赔偿责任。

（1）请对该案例进行铁路内部责任划分（列出划责依据），并计算赔款。

（2）托运人对赔偿有异议，向法院提起诉讼，法院判决承运人有重大过失，按照实际损失款额赔偿，超出赔偿限额部分赔款应如何分摊（列出划责依据）。

**答：**（1）按实际损失货物占全批货物的价值比例乘以保价金额赔偿计算赔款，货物实际损失价值为：360 000 元÷1 200 件×30 件＝9 000 元，应赔偿：9 000 元÷360 000 元×120 000 元＝3 000 元。货车在 C 站补封，C 站拍发的站车交接电报漏抄送到站 B 站，按《货损规则》附件三的二、（一）中 3“货车在途中发生补封，按规定拍发电报的，列上一责任货运检查站责任；未按规定拍发电报，列补封站责任；拍发电报漏抄送发、到站的，列上一责任货运检查

站责任，赔款由责任单位和补封单位分摊”规定，该案例列C站的上一责任货检站D站责任，赔款3000元由C站和上一责任货检站D站各分摊1500元。

（2）按照《货损规则》附件3中四、（十）规定“如法院判决按照实际损失赔偿时，超出赔偿限额或保价比例的，列责任单位责任，其差额损失赔款由责任单位和发站分摊。”因此，本案例列C站的上一责任货检站D站责，发站A站未足额保价，货物实际损失9000元，保价比例赔款为3000元，超出6000元，应由责任单位D站和发站A站各分3000元。

**【解析】**

（1）货车在途中发生补封，根据货运电子票据综合应用管理、铁路货车追踪、电子施封锁等系统信息，能够明确责任货运检查站的，到站可直接送查。

（2）货物发生损失，依照限额赔偿和保价比例办理赔偿。法院判决按照实际损失赔偿时，超出赔偿限额或保价比例的，其差额损失赔款由责任单位和发站分摊，列责任单位责任。

需要注意的是：责任单位只能是一件货物损失的主要或第一责任单位，故由责任单位D站和发站A站分摊。